NATIONAL
GEOGRAPHIC

NATIONAL GEOGRAPHIC

美国国家地理全球史

雅典的陷落

The Decline of Athens

美国国家地理学会 编著 陈凌娟 译

中国出版集团 现代出版社

目 录

插图（第2页） 《哀伤的雅典娜》（*Athéna pensive*），创作于公元前近460年，现藏于雅典卫城博物馆（Musée de l'Acropole, Athènes）。

插图（第4—5页） 位于普里埃涅（Priène）的雅典娜波利亚斯神庙遗址，建于公元前近340年。

插图（左侧） 里亚切青铜武士像之一，创作于公元前5世纪，现藏于雷焦卡拉布里亚大希腊国家博物馆（Musée national de la Grande-Grèce, Reggio de Calabre）。

概 述

希腊在雅典（Athénes）的霸权统治下进入鼎盛时期，然而在公元前 5 世纪最后 30 多年间，斯巴达（Sparte）和雅典分别组建同盟，双方冲突不断，至此希腊的辉煌不再。几乎整个希腊都陷入了战争的泥潭，雅典历史学家修昔底德（Thucydides）称之为“伯罗奔尼撒战争”（guerre du Péloponnèse）。他认为，“这是一场极其惨烈的战争，影响了整个希腊、外族甚至大部分人类世界”。

以伯罗奔尼撒战争为转折，古希腊开始走向衰落。城邦之间发生多次海陆战争，加之雅典鼠疫肆虐、远征西西里惨败、内战频繁，以及内战中荣誉观的崩塌，最终导致斯巴达的胜利和雅典的落败。伯罗奔尼撒战争标志着一个时代的消亡。这个时代曾见证了城邦制度的鼎盛。至此，在新制度产生前，城邦制度遭到前所未有的质疑。

公元前 4 世纪，斯巴达、底比斯（Thébèse）和雅典再次陷入霸权之争，当时已经崛起的锡拉库萨（Syracuse）和马其顿（Macédoine）也参与了角逐。为了防止一个希腊城邦独大带来的威胁，波斯（Perses）介入战局，影响了战争的走向。战争耗尽了各城邦的人力、物力和财力，最终的结果是在喀罗尼亚战役（bataille de Chéronée，公元前 338 年）之后，希腊各城邦不得不臣服于马其顿强大的军力，从而终结了这场战乱。我们在看待这个时代时，不能只聚焦于战乱，或简单地把它看成一个只有危机、城邦制消亡、向希腊化过渡的时代。与之相反，这一时期，希腊人继续发展他们优秀的文明，给人类留下了有深度、有价值的思想和作品，如修昔底德和色诺芬（Xénophon）等历史学家的著作，大量以雕塑为主的艺术作品，以及斯巴达吕山德（Lysander）和阿格西劳斯（Agésilas）、雅典人提莫修斯（Timothée）和德摩斯梯尼（Démosthène）等政治家的思想。

插图（第8—9页） 雅典帕提侬神庙中楣浮雕饰带上的骑兵，公元前445—前438年，现藏于伦敦大英博物馆（British Museum, Londres）。

插图（左侧） 公元前6世纪黑绘陶器碎片，绘有传说中底比斯的创立者——屠龙的卡德摩斯（Cadmos），现藏于巴黎罗浮宫博物馆（Musée du Louvre, Paris）。

斯特兰福德盾牌（Bouclier de Strangford）

古罗马时期参照帕提侬神庙里雅典娜神像的盾牌制作的复制品。依据传统，其中的两个人物分别是伯里克利和此作品的作者菲狄亚斯（Phidias），现藏于伦敦大英博物馆（British Museum, Londres）。

插图（右侧） 青铜把手，创作于公元前480年左右，现藏于奥林匹亚考古博物馆（Musée archéologique, Olympie）。

战争序曲

公元前 5 世纪，希腊各城邦联合击溃了波斯的进攻，由此进入鼎盛时代。然而，雅典的霸权地位打破了各城邦间的平衡，曾经为希腊带来胜利的联盟显示出其脆弱的一面。斯巴达和雅典分别组建联盟，针锋相对，最终导致了伯罗奔尼撒战争的爆发。

米堤亚战争后，希腊各城邦迎来了一段较长时期的繁荣与和平，被称为“五十年时期”（Pentécontaétie）。这 50 年是从与波斯休战（公元前 497 年）到伯罗奔尼撒战争爆发（公元前 431 年）。其间，希腊各城邦的居民重建住宅和公共建筑，这些工程充分显示出了工匠们的创造性。这也从另一侧面证明了米堤亚战争的重要性：如果波斯赢得了战争，那么大部分希腊“黄金时代”的主角将无法施展才华，因为他们会沦为奴隶，或战死沙场（有些人甚至不会出生，因为他们的父母或祖父母可能被杀）。由此，不难想象，如果波斯获胜必然会对西方历史产生极其

雅典和斯巴达战争的起源

公元前461年

埃菲阿尔特斯（Éphialtès）逝世 寡头集团阴谋暗杀了民主改革的发起人。

公元前449年

卡里阿斯和约（Paix de Callias） 和约签署，雅典同意与波斯停战。

公元前445年

科洛尼亚战役（Bataille de Coronée） 雅典战败。伯里克利促成了《三十年和约》的签署。

公元前441—公元前439年

萨摩斯岛叛乱 在雅典的围攻下，萨摩斯岛最终只能屈服。

公元前433—公元前432年

锡博塔和波提狄亚 锡博塔海战。波提狄亚叛乱。雅典颁布墨伽拉贸易禁令。

公元前431年

普拉提亚 底比斯突袭邻邦普拉提亚失败。伯罗奔尼撒战争开始。

雅典长墙（Les Longs Murs d'Athènes）

米提亚战争后，雅典计划重建被波斯人毁坏的城墙。公元前 457 年，雅典在塔纳格拉（Tanagra）迎战斯巴达及其盟邦，雅典战败后便立即将长墙一直修筑至海边。

这座长10多公里的城墙完全符合伯里克利对于一个商业和军事帝国的设想，因为这座城墙将比雷埃夫斯港和法勒隆港（Phalère）连接起来，即使雅典遭遇陆地进攻，仍可以利用战舰控制海域为其进行补给。伯罗奔尼撒战争期间，长墙起到了关键作用，尽管伯罗奔尼撒同盟军不断地破坏田地和农庄，但长墙使得雅典成为一个不可能被饥饿征服的城市。公元前404年，雅典战败，长墙被拆除（这是斯巴达提出的条件之一）。公元前394年，雅典人逐渐摆脱了战败的阴影，得以重建城墙。下图是由皮特·康诺利（Peter Connolly）复原的雅典城墙图。

深远的影响。

这代希腊人不仅是战争的幸存者，还将人类思想提升至更高的境界，孕育了高雅的艺术和多领域的科学：政治学、文学、哲学、戏剧、城市规划、修辞学、经济学、体育、历史编纂学、物理、医学、工程学、绘画，以及雕塑、建筑和法律……

然而，希腊在“五十年时期”从未享有过真正的和平。在这个时期，希腊各城邦之间局势紧张，冲突不断，尤其是雅典，无论与其联盟城邦，还是与敌对的斯巴达联盟城邦，各不相让，剑拔弩张。“五十年时期”的希腊在多重因素的影响下，大半处于一

种“冷战”状态。雅典历史学家修昔底德在其著作《伯罗奔尼撒战争》中阐明了影响当时所有事件的关键因素：恐惧出现一个足以统治整个希腊的城邦。修昔底德的前辈历史学家希罗多德（Hérodote）曾在其著作《历史》（*Histoire*）中提出了另一个因素。他认为要警惕人性中的狂妄（hybris），这个词在希腊语中意指统治者的任意妄为，脱离现实，它终将导致统治的覆灭。

这种对失去权力的恐惧导致了武装冲突的威胁持久化。为了防止一个城邦强于其他城邦，希腊各城邦签署了条约，并且会根据时局变化不断修改协议。各城邦统治者秉持实用主义，可以抛弃自己的原则、同情心、憎恶感，甚至和一些敌对的城邦联合起来——只要他们觉得某个城邦威胁到了他们的利益。这种情况在整个古希腊时期并不少见，但在公元前 5 世纪最后 30 多年以及之后的一个世纪中尤其多。

第一次较量

希波战争中雅典和斯巴达协同作战、并肩抗敌，然而仅一年之后，即公元前 478 年，彼此间便产生了嫌隙。起因是雅典决定重建城墙。鉴于独特的地理位置和强大的军力，斯巴达从未建筑过城墙，而雅典的这个举措则向其透露出防御和敌对的信息。

10 年之后，提洛同盟（ligue de Délos），即由雅典主导的反抗波斯的防御联盟，开始演变为雅典帝国，这导致雅典和斯巴达之间关系紧张，大战一触即发。同盟成员可以向盟军提供三层桨座战船，也可以每年缴纳盟金。由于战舰的制造和维护过程相当繁复，只有希俄斯（Chios）、萨摩斯（Samos）和列斯堡（Lesbos）选择第一个选项。雅典与其同盟成员在财政和军事方面的差距不断扩大，最终导致一系列难以调和的矛盾和冲突。还有一点也值得注意，雅典迫使成千上万的奴隶开采阿提卡（Attique）南部的劳里昂（Laurion）银矿，几十年间为雅典国库带来了大量的财富。公元前 454 年，提洛同盟的国库被迁移至雅典，进一步加强了雅典在军事和经济方面的统治力。

基克拉泽斯群岛（cycladiques）的纳克索斯岛（Naxos）是第一个拒绝缴纳盟金的同盟成员，公元前 468 年雅典仅用一次围攻便平息了反叛。三年后，爱琴海东部的塔索斯（Thasos）效仿纳克索斯岛，雅典再次通过一场海战终结了反派。然而，和纳克索斯岛不同，塔索斯在岛屿和陆地上拥有几个贵金属矿藏，于是，向斯巴达求助。斯巴达不仅同意支持它反抗雅典，还承诺为其肃清阿提卡地区相关海域。入侵雅典是不可能的，尤其是在城墙保护下的雅典，这也说明了决定重建城墙绝不是雅典高层的无意之举。

尽管如此，斯巴达却在不久后遭受了严重的自然灾害，并导致了严重的后果。

一场大地震毁坏了大片领土，据记载，三分之一甚至一半的斯巴达居民因此身亡。沦为奴隶的美塞尼亚（Messénie）边境地区原住民（hilotes）把握住了这个机会。他们发动叛乱，反抗奴隶主，随后以伊索姆山（mont Ithômé ）筑垒固守。这次叛乱严重威胁到斯巴达的国有奴隶模式，因为斯巴达通过剥削美塞尼亚地区的黑劳士，才得以全力投入军事训练。斯巴达被局势所迫，不但将入侵阿提卡的承诺抛之脑后，甚至在极致实用主义的推动下，向雅典求助，以镇压黑劳士的叛乱。

尽管得到了雅典的协助，对伊索姆山的围攻仍长达数年。以当时的军事器械而言，黑劳士建造的瞭望塔似乎坚不可破。斯巴达认为在这场平叛中雅典人毫无用处，同时也害怕雅典军队和反叛者勾结。于是，斯巴达直接打发走了雅典人，转而联合曾经的宿敌阿尔戈斯（Argos），以及拥有希腊最强骑兵的塞萨利亚（Thessalie）。然而，这一切依旧徒劳无功，最后斯巴达只能与反叛者签订协约，终止了这场战争。

当雅典军队被斯巴达羞辱遣返的消息传到雅典时，对斯巴达的敌对情绪迅速蔓延开来。雅典人转而表达出对美塞尼亚人的同情，许多黑劳士逃亡到了诺帕克图斯（Naupacte），即雅典位于科林斯湾的殖民地。由此，雅典公民大会投票决议放逐亲斯巴达派的将军客蒙（Cimon），他曾主张派兵攻打美塞尼亚，反斯巴达派的埃菲阿尔特斯（Éphialtès）趁机掌握了实权，他是民主派政治家，也是伯里克利（Périclès）的良师益友。

《三十年和约》

在接下来的 15 年间，雅典与伯罗奔尼撒同盟成员（尤其是科林斯）由于领土争端时常发生冲突，战场主要集中在墨伽拉（Mégare）中部地区，埃及以及西西里岛。第一次伯罗奔尼撒战争于公元前 445 年结束，签署了《三十年和约》（*la paix de Trente Ans*）。雅典首席将军伯里克利对和约的签署起到了积极的作用，其实《三十年和约》是为了平衡各方利益而对整个希腊做出的重新划分：斯巴达掌控希腊大陆，而雅典则控制爱琴海。和约中有一项条款无疑最具引人注目，也最具创新性，它规定，如果双方出现争端或冲突，必须由中立的第三方做出仲裁。

和约签署几个月后，便迎来了第一次考验：雅典在意大利南部建立大希腊殖民

修昔底德：伯罗奔尼撒战争同时代的编年史家

修昔底德作为一个秉持客观态度的历史学家理应享有盛誉，他注重历史人物的行为动机，公正严谨地记录资料。他在流放期间撰写了《伯罗奔尼撒战争史》(*La Guerre du Péloponnèse*)，这段流放的经历使他能以客观的态度看待正在发生的这场战争，同时也给了他一处安静之所得以投入工作，并且收集了两个阵营的资料。如果没有这部历史著作，我们对于这场战争的了解只是浅薄的，缺乏真实感。

修昔底德出生于公元前455年，他的家族在色雷斯拥有金矿开采权，从而积累了大量财富。他的外祖母是色雷斯王子的孙女，也是在马拉松战役中获胜的米提亚德（Miltiade）女儿的孙女。伯罗奔尼撒战争之初，雅典爆发鼠疫，修昔底德幸免于难；几年后，公元前424年，他被任命为雅典十将军之一，率领舰队出征安菲波利斯（Amphipolis），而此时斯巴达将军布拉西达斯（Brasidas）即将攻克安菲波利斯。修昔底德由于此次失利被流放20年。公元前398年，修昔底德去世，留下未完成的巨著，而他对这场战争的记载终止于公元前441年的突发事件。色诺芬（Xénophon）续编了之后的历史事件，成就了其著作《希腊史》（*Helléniques*）。

插图 修昔底德半身像，现藏于那不勒斯国家考古博物馆（Musée archéologique national, Naples）。

地——图里奥伊（Thurioi）。锡巴里斯（Sybaris）在与克罗托纳（Crotone）的冲突中被毁，战争的幸存者向希腊求助，在锡巴里斯周围重建一座城市。斯巴达对这个计划不感兴趣，但雅典的伯里克利则在各地游说，鼓励居民前往意大利建立新城图里奥伊。米利都人希波达莫斯（Hippodamos de Milet）为这座新城设计了规划图。图里奥伊的规划与其他殖民地不同，没有模仿任何一座大城市，而是综合了爱奥尼亚（Ionien）、多利安（Dorien）和伊奥利亚（Éolie）的特点。

希罗多德是图里奥伊最著名的移民。他与伯里克利十分亲近，极有可能是受到了伯里克利的影响才迁至新城，此外希罗多德不是雅典人，他出生于哈利卡纳索斯

（Halicarnasse），早年为了对抗统治这座城邦的亲波斯派僭主，才不得不背井离乡。然而，新的公民身份并未为他带来期盼已久的平静生活。图里奥伊刚建立不久，便卷入了与邻城塔兰托（Tarente）的对抗中，而这座城邦正是斯巴达少有的几处殖民地之一。图里奥伊战败后被掠夺一空。尽管城中住着不少雅典移民，如当时20多岁的演说家吕西亚斯（Lysias），但雅典并未尽力守护这座新城，并声称图里奥伊不是雅典的城邦。雅典认为，如果介入这场争端，就违背了《三十年和约》。斯巴达也没有努力避免两座城邦之间的对抗。此外，公民内部也发生了分歧，这标志着泛希腊计划的彻底失败。

公元前440年的夏天，另外两座希腊城邦也爆发了冲突，它们分别是位于爱琴海东部的萨摩斯岛（Samos）和小亚细亚西海岸城邦米利都（Milet）。冲突的导火索始于萨摩斯岛的军队入侵普里埃涅（Priène），波及了比邻的米利都。而米利都和萨摩斯岛都属于提洛同盟，它们都要求雅典介入此次纠纷。当萨摩斯岛军队拒绝撤退时，雅典认为在提洛同盟内部发生这样的冲突是十分危险的，于是决定攻占萨摩斯岛。

伯里克利亲自率领上百艘三层桨座战船出征。雅典人推翻了统治萨摩斯岛的寡头势力，强制推行民主制。雅典人从萨摩斯人中选取了50名男童和50名成年男子作为人质，并将他们安置在北爱琴海的列姆诺斯岛（Lemnos）。愤愤不平的萨摩斯岛居民得到了撒丁岛波斯总督的支持，随即发动了起义。作为回击，雅典的军队和舰队在伯里克利的统率下围攻了萨摩斯城。政敌立刻指控这位刚离婚的雅典主帅，说他的行动受到了其情人阿斯帕西娅（Aspasie）的影响，因为年轻聪慧的阿斯帕西娅刚好出生于米利都。

9个月之后，饥荒和疾病最终迫使岛上的居民投降，他们不得不付出赔偿，包括奴隶和钱财。但雅典人并不满足，他们要求拆除城墙，交出船队，并且支付一笔可观的费用以弥补此次军事行动的开销。

与此同时，伯罗奔尼撒同盟召开了一次会议，其间科林斯和斯巴达讨论了介入萨摩斯岛争端的可能性，他们认为可以利用此次冲突，偷袭后方空虚的雅典。然而，考虑到雅典在近期的图里奥伊冲突中秉持的中立态度，以及伯里克利不断表态要遵守《三十年和约》，斯巴达和科林斯最终决定放弃进攻计划。

公元前435年，海拉德地区（Hellade）政局发生动荡，科林斯和克基拉［Corcyre，今科孚岛（Corfou）］在勒希姆（Leucymne）海角附近爆发海战。双方的冲突源于克基拉一处边远殖民地的领土争端，即埃皮达姆努斯（Épidamne）。它位于伊利里亚地区（Illyria，今阿尔巴尼亚海岸），处于连接希腊和意大利的海路通道上，具有重要的战略价值。海战造成了40多艘三层桨座战船损毁，以及几百名科林斯步兵阵亡。其实，克基拉原本是希腊古风时期（Époque archaïque）由科林斯人建立的殖民地。也正因为彼此间的这层关系，使得此次冲突显得尤为特殊。

科林斯誓要一雪前耻，花了两年时间积极备战，建造了当时规模最大的舰队，并在全希腊招募桨手。公元前433年的夏天，克基拉感觉到了来自科林斯的威胁，便向雅典求助。雅典公民大会就此议题召开会议，听取冲突双方代表的陈述。普尼克斯山丘上，克基拉代表试图向雅典市民说明他们所面临的威胁：如果克基拉战败，它的船舰将会被科林斯收编，那么伯罗奔尼撒同盟的海上力量将可以和提洛同盟相抗衡。加之伯罗奔尼撒同盟具有更强大的陆军，两个同盟的军力对比将处于危险的失衡状态。科林斯代表则强调，雅典既应该遵守《三十年和约》约定的双方互不侵犯，也不应忘记在雅典重兵围困萨摩斯岛时，科林斯曾劝说斯巴达放弃攻打雅典的计划。

雅典公民大会由此陷入两难的境地：拒绝援助克基拉，意味着坐视他们共同的敌人借此扩充海军；援助克基拉，则会违反《三十年和约》，可能导致更大规模的战争。伯里克利的理性和智慧最终使众人达成一致，雅典市民决议要履行其同盟防务的职责，派遣十艘三层桨座战船驶往克基拉（此次行动的象征意义多于实际军事意义），但是雅典的战船不会主动求战，除非科林斯率先发动进攻。

尽管雅典尽可能保持中立，但仍无法改变事态的发展。公元前433年9月，科林斯和克基拉的舰队在克基拉岛南部群岛锡博塔（Sybota）遭遇。海战之初，克基拉的110艘战船显然无法抵御科林斯的150艘战船。科林斯舰队准备全力出击。此时，先前抵达的雅典第一批10艘战船还未参战，第二批战船又已到达，虽然仅

有20艘，但是科林斯人却错估了战船的数量，决定掉头撤退。

锡博塔之战的实际损失不大，科林斯有几十名士兵牺牲，以及差不多数量的士兵被俘。然而，挫败感使之愤怒至极，科林斯决议结盟斯巴达，与雅典及其盟邦全面开战。

其他不稳定因素

30多艘战船凯旋之后，伯里克利请求公民大会公布政令，禁止来自墨伽拉（Mégare）的商船进港或停靠大港口比雷埃夫斯。墨伽拉是一座拥有数个爱奥尼亚海和爱琴海港口的城邦，它曾两次支持科林斯攻打克基拉。

萨摩斯岛的赫拉神庙（Héraion de Samos）

尽管萨摩斯岛和米利都之间出现领土争端，但雅典作为萨摩斯岛的同盟没有帮助萨摩斯岛解决争端，却对其进行了长时间的围困，萨摩斯岛由此成为第一次伯罗奔尼撒战争爆发的导火索之一。

插图 赫拉（Héra）神庙遗址，位于萨摩斯岛南部，希罗多德称之为“世界最大的神庙”。

雅典通过贸易封锁惩罚墨伽拉，其最大的受害者无疑是统治城邦的寡头势力，其中大部分是有权势的富商。同时，雅典传递出一个明确的信息：任何胆敢支持雅典敌人的城邦必将付出代价。雅典的威慑方式十分巧妙，由于没有采取任何军事行动，也就不会违反《三十年和约》。

墨伽拉必然会向斯巴达抱怨，鼓动斯巴达立即向雅典开战。斯巴达当时唯一的国王阿基达摩斯（Archidamos）[普莱斯托纳科斯（Pleistoanax）已被判流放]是伯里克利的朋友，他用尽方法想控制事态的发展，但是针对墨伽拉的贸易禁令进一步加剧了战争爆发的可能性。而波提狄亚（Potidée）争端则最终揭开了这场可怕战争的序幕。

波提狄亚位于卡尔基狄克（Chalcidique）地区，地处马其顿和色雷斯（Thrace）之间，尽管一直以来与雅典关系甚密，但实际上却是科林斯的殖民地。波提狄亚还是提洛同盟成员。这种矛盾而又微妙的状态维持了一段时间，但是锡博塔之战后，雅典和科林斯之间的对立打破了这份脆弱的平衡。伯里克利派出一名使者向波提狄亚传达雅典的要求，即立刻驱逐时常来访的科林斯行政官员，其意图明显是为了对这座城邦的执政官施加影响。雅典还勒令波提狄亚拆除位于港口边的城墙。冲突就此爆发。

面对雅典的咄咄逼人，科林斯以维护殖民地安全为由，向波提狄亚派遣了一支雇佣兵部队。这支部队和寡头集团相勾结，鼓动波提狄亚人反抗雅典。而雅典绝不能容忍事态进一步发展，以免其他城邦效仿波提狄亚。公元前 432 年夏天，伯里克利决定派遣部队攻占波提狄亚。然而，一场原本应该轻松取胜的出征却演变成了长达两年的围攻。冲突双方在人力和财力方面都付出了惨痛的代价。

科林斯趁机向斯巴达施压，怂恿斯巴达介入战局，支援波提狄亚人的叛乱，这正是阿提卡急切期盼的。但阿基达摩斯国王再一次拒绝了这个提议。他推说雅典筑有城墙，财力雄厚，是拥有强大海军力量的海上帝国，而斯巴达并不擅长海上作战，一旦开战，将会处于非常被动的地位。尽管如此，斯巴达的监察官和公民大会最终仍决定出战，而修昔底德认为，其实他们并非完全信服科林斯人的说辞。修昔底德强调，斯巴达最关心的是避免“雅典势力的日益增长，他们知道希腊大部分地区已经臣服于雅典了”（修昔底德，第一卷，第 88 页）。斯巴达在之后几个月的所作所为也证实了斯巴达对于开战缺乏信心，国王竟然派遣了三个外交使团前往雅典，试图进行谈判！斯巴达要求雅典从波提狄亚撤军，被雅典占领的埃伊纳岛实行自治，取消针对墨伽拉的贸易禁令，允许其商船停靠提洛同盟的港口。

在一场著名的公民大会演讲中，伯里克利拒绝了伯罗奔尼撒同盟的要求：“你们不应该感到任何的自责，我们不是为了一些微不足道的理由而兴师作战。因为恰恰是这点无足轻重的琐事显现出你们的志气。如果你们做出让步，他们便会立刻得寸进尺，认定你们必会出于害怕而再一次屈从。如果你们采取坚决不妥协的态度，他们将明白，必须以平等的地位对待你们……伯罗奔尼撒人是农民，无论是个人还是城邦，都不富有。此外，他们也没有跨海长期作战的经验；因为贫穷，他们彼此间的冲突历时较短……我们从海战中获取的陆战技巧，远远超过他们从陆战中得到的海战技巧。事实上，他们很难获得我们的海上经验……如果他们从陆上入侵我们的领土，那我们将从海上攻入他们的国土，伯罗奔尼撒一部分土地的破坏与整个阿提卡被肆虐相比，他们所遭受的损失要远甚于我们。因为他们不通过战争就无法获得新的领土；而我们在诸岛屿和陆地上都拥有大量的土地……如果我们是岛上的居民，还有谁能比我们更坚不可摧？我们应该尽可能地把自己当作岛民，我们必须摒弃所有关于土地和房屋的念头，时刻准备保卫海洋和城市……如果我认为我可以说服你们，我会奉劝你们离开家园，亲手毁坏你们的财产，以此向伯罗奔尼撒人宣告，即使失去这一切，你们也不会屈从。”（修昔底德，第一卷，第 140—143 页）。

入侵普拉提亚

斯巴达宣战后的 6 个多月里，派往雅典的三个外交使团都未能完成使命，伯罗奔尼撒战争最终于公元前 431 年爆发。然而，最初的几场冲突没有发生在阿提卡境内，而是在波奥提亚地区（Béotie），确切地说，是在一座小城邦——普拉提亚。出人意料的是，开启伯罗奔尼撒战争的这场进攻既不是由斯巴达，也不是由科林斯，而是由伯罗奔尼撒同盟中的另一个强大的盟邦——底比斯发起的。

普拉提亚是一个民主制城邦，和雅典结盟已久［公元前 490 年，普拉提亚和雅

爱奥尼亚人对抗达里安人：雅典盟邦与斯巴达盟邦之间的战争

参战之前，希腊城邦分为两大阵营：与雅典结盟的城邦，以及与斯巴达结盟的城邦。一些城邦之前未与任何一方结盟，但后来为了自保只能和其中一方达成同盟协议。仅有几个城邦艰难地维持中立，但这也造成其内部的政局不稳。

决定与哪个阵营结盟的关键性因素在于每个城邦的政治体制。民主制城邦的权力取决于大多数公民的意愿，这些城邦加入了提洛同盟，而由寡头统治的城邦则选择了伯罗奔尼撒同盟。文化和社会因素也对此起到了一定的作用，沿袭爱奥尼亚传统和方言的城邦通常与雅典交好，受多里安文化影响的地区支持斯巴达。远离这两座核心城邦的其他地区则宣布中立，但事实上它们也无法完全置身事外。

左图 纳克索斯岛上的斯芬克司像，创作于公元前5世纪，纳克索斯岛是雅典的重要盟邦。现藏于德尔斐考古博物馆（Musée archéologique, Delphes）。

典在马拉松（Marathon）共同抵御波斯的侵袭]，这便妨碍了一心想要统治整个波奥提亚的寡头制城邦底比斯。此外，普拉提亚的地理位置具有重要的战略意义，它地处希腊东南部的交通要道，这条要道既连接了底比斯和雅典，还串起了墨伽拉、科林斯和雅典。

公元前431年的一个雨夜，一小队底比斯步兵趁夜色潜入普拉提亚。名为诺克雷德斯（Nauclide）的普拉提亚人，伙同城里的寡头派成员为底比斯人打开了城门。底比斯士兵进城后有序地到达广场，排成几列长队，

❶ **斯巴达及其盟邦** 由斯巴达领导的伯罗奔尼撒同盟，其主要成员是科林斯和底比斯。伯罗奔尼撒半岛的大部分城邦都属于该同盟，除了有碍斯巴达利益的阿尔戈斯（Argos）。之后一些岛屿也加入了斯巴达同盟，如琉卡斯岛（Leucade）和基塞拉岛（Cythère）。

❷ **雅典及其盟邦** 开战之初，提洛同盟包括爱琴海的十几个岛屿和城邦，其中有埃维亚（Eubée）、纳克索斯、安德罗斯岛（Andros）、萨摩斯岛、俄希斯岛、列斯堡岛、罗德斯（Rhodes）和米利都。地中海东部和赫勒斯滂海峡（Hellespont）也在雅典的势力范围内。尽管如此，普拉提亚、波提狄亚和克基拉率先给雅典帝国制造了麻烦。

❸ **中立地区** 在雅典对抗斯巴达期间，克里特岛（Crète）和希腊大陆的几个地区仍保持中立。然而，它们无法完全置身事外，其领土安全不断受到内战波及的威胁。

❹ **波斯帝国** 波斯总督时刻关注战争的进程。起初他对战局的干涉较为隐蔽，之后便越来越明显。伯罗奔尼撒战争的最后阶段，波斯决意介入战局。波斯支援的黄金使得斯巴达最终战胜了雅典人。

直至几乎占满整个广场。底比斯人在广场的每侧都安排了四名传令官，以便召见普拉提亚的执政官。他们无视诺克雷德斯的建议，决定不趁居民熟睡时进攻，而在与他们的行政官员谈判前叫醒他们。然而，谈判刚结束，普拉提亚的领导人便做出了一个惊人的决定：命令每个普拉提亚公民拿起武器，或任何手头上可用作武器的工具，一起反抗侵略者。其实，他们早就注意到广场上的底比斯士兵故意拉开了队伍间距，企图造成兵力众多的假象。普拉提亚的行政官员已经估算出了士兵的人数，

古典时代雅典人一生的兵役经历

雅典青年军事训练团

18—20岁的青年男子被征召入“青年军事训练团”（éphébie），在这个阶段，国家负责对他们进行军事训练。他们必须全心投入训练中，因此免于任何政治义务，甚至可以免于出庭。训练的第一年，他们会驻扎在比雷埃夫斯，学习使用武器。第二年，他们将前往阿提卡守卫边境，并在公民大会召开期间维持秩序。

现役军人

青年军事训练团结束后，这些年轻人将正式成为享有各项权利的雅典公民。50岁之前他们会被列入步兵或骑兵的征召名录上，将根据需要在军事行动中对他们进行征召。和平时期，征召名单上的公民须定期参加军事技能考核：检查全副甲胄是否完好，进行密集队形操练。有些人为了应付考核，甚至会雇用私教和马术专业人员进行培训。

退伍军人和老年人

公民50岁时便可退伍。退伍军人（presbytatoï）协同青年军事训练团和居住在雅典的外国侨民一起负责巡视阿提卡的边境防御工事。只要在陪审团担任仲裁人满一年，超过60岁的公民将不再负有军事义务。这些公共仲裁人负责快捷司法诉讼，旨在减轻地方法院的工作。右图：奥林匹亚宙斯神庙的一座老者雕塑，现藏于奥林匹亚考古博物馆（Musée archéologique, Olympique）。

参军 公元前4世纪，为纪念一位名叫阿里斯托诺特斯（Aristonautes）的士兵创作的神龛，现藏于雅典国家考古博物馆（Musée archéologique national, Athènes）。

插图 年满18岁的青年要入伍。作为雅典青年训练团的成员，直至20岁。上图：一些年轻人身穿内长衣，头戴佩塔索斯帽（一种圆帽），创作于公元前5世纪的陶瓷制品，现藏于雅典卡内罗普洛斯博物馆（musée Kanellopoulos, Athènes）。

原始攻城技术

公元前5世纪，翻越一座城墙几乎是不可能的。通常的做法有：围城直至整座城市因弹尽粮绝而投降、趁夜色突袭、给水源下毒，或者贿赂城门守卫，让其打开城门。

伯罗奔尼撒战争之初，最先进的攻城技术（polior cétique）是用树干制作一个板条，然后将板条架在石头和泥土搭成的斜坡上，从而搭建出一个直达城墙顶的坡道。搭建完成后，用木头、松脂和硫黄点火（围攻普拉提亚时第一次使用了这种攻城方式）。城中的守军通常会用附近建筑物的砖头加高部分城墙，或者在城墙内侧搭建一堵半圆形的矮墙，从而形成一道新的防线抵挡进攻。

右图 皮特·康诺利绘制的插图，再现了斯巴达围攻普拉提亚（公元前429—前427年）的场景。

❶ **突击部队** 士兵使用盾牌和大木板躲避弓箭和射弹，试图登上城墙。

❹ **搭建土坡** 整个工程十分耗时，据修昔底德记载，围攻普拉提亚花了70天"日夜赶工"才完成土坡的搭建。事实上，当入侵者向城墙投掷土块时，守军会尽力通过城墙上的出击口将其移除。

❷ **守军** 当他们在建造砖墙时，他们会竖起一个革包裹的木框，以此抵挡

❺ **进攻部队** 需要一支部队，因为围攻可能持续时间。

看上去像一两千的部队，其实只有300人左右。

普拉提亚人迅速移走广场上的物品，设置大型路障封锁广场所有的出入口。将底比斯士兵围困起来之后，他们拿起剑、标枪、锄头和刀在广场外侧坚守。随后，在普拉提亚统帅的号令下，公民们冲入了广场。尽管底比斯士兵作战经验丰富，但在普拉提亚人猛烈且坚决的冲杀下，很快就抵挡不住了。士兵们开始迎击人群，但不久就意识到人数上的劣势，他们惊恐地四散逃开，躲进普拉提亚的大街小巷。

但是所有的城门都已关闭。底比斯人就如同笼中之鸟，无路可逃。他们中的大部分被普拉提亚人团团

防护墙 这是非常有效的防御措施。撒战争期间，只要不是弹尽粮绝或是出卖，攻城部队很难攻破城池。

围住，被残忍地处以私刑，遭殴打、监禁或杀害。抵达城墙脚下的士兵不愿就此赴死，于是决定冒险攀爬城墙，翻越至另一侧。另一队士兵看到一栋紧靠城墙的建筑，以为能在这里找到其中一个城门，便溜了进去，但进去后却发现没有任何出口通向城外。他们反而中了圈套被困在了里面，成群的普拉提亚人堵住了出口，威胁要立即烧死他们，然后抓住了这些士兵。

普拉提亚人反抗底比斯入侵的战斗取得了完胜。翌日早晨，底比斯的后援部队抵达后，发现之前入城的士兵没有一人前来打开城门，而城内也没有内应可以协助他们。

伯里克利

这位雅典政治家是一位卓越的领导者，他兼具了个人魅力和威望，极具智慧和政治敏锐性。无论在和平时期还是在伯罗奔尼撒战争之初，他的演说才能使之能更好地引导人民。

插图 罗马时期模仿克雷西拉斯（Crésilas）作品复制的伯里克利半身像，原作估计创作于公元前 429 年，现藏于柏林旧博物馆（Altes Museum, Berlin）。

斯巴达军队的战争准备状态

正如伯罗奔尼撒战争多次展现的那样，斯巴达军队的行动很大程度上受到宗教仪式的影响，尤其是在战斗开始之前的整个阶段。每次只要情况允许，士兵们会在战场上搭建营地，每天进行军事训练和宗教祭祀，直至敌人到达战场，开始对战。

早上的祭祀结束后，国王对军官下达当日的指令，通常是身体锻炼、巡查、换防和军事训练。下午则会组织一些竞技类比赛：军司令官（高级军官）担任裁判，为获胜者颁奖，奖赏通常是晚餐食用的肉。晚上，士兵们一起吟唱提尔泰乌斯（Tyrtée）的颂歌和诗歌，然后各自回行军帐篷（syskenoi）就寝。开战当日一早，重装步兵打磨盾牌，准备武器，细心梳理长发，这个重要仪式极具象征意义和心理作用。当战斗一触即发时，会祭祀一只山羊献给狩猎女神阿尔忒弥斯（Artémis），占卜者随即检查山羊的内脏，解读征兆；因为国王在等待神的祝福，然后才会下令进攻。士兵们接受最后的指令，军官排在部队的第一排，等待军号示意进攻。重装步兵在队列中吹笛手的伴奏下唱起《卡斯托尔之歌》（*Chanson de Castor*）。旨在鼓舞士气，斯巴达士兵们以整齐的步伐缓缓向前，直指前方的敌人。

插图　重装步兵在大战前调整护胸甲，绘于陶罐上的装饰画，创作于公元前5世纪，现藏于维也纳艺术史博物馆（Kunsthistorisches Museum, Vienne）。

普拉提亚人完全沉浸在复仇的快感中，他们杀死了城里所有的底比斯人，包括当晚抓获的 180 名俘虏。按照传统的战争规则，这一史无前例的事件被认为是一场真正的暴行。

这场血腥的事端开启了伯罗奔尼撒战争，在长达 27 年漫长而又艰苦的岁月中，残酷的战争使双方拔刀相向，势不两立，而忘记了相同的语言、相同的宗教和相同的习俗曾使他们紧密相连。他们将以前未曾有的残忍投入这场战争中。他们将和那晚的普拉提亚人一样残忍，任由积蓄已久的恐惧和愤怒驱使。

埃伊纳岛的灾难

公元前 431 年，雅典舰队进攻宿敌埃伊纳岛（Égine），此岛紧邻比雷埃夫斯，雅典人迫使岛上居民逃往伯罗奔尼撒半岛。不久之后，一批移殖民抵达该岛，巩固了雅典人对于萨罗尼克湾的控制。

插图 埃伊纳岛上的阿菲亚神庙（temple d'Aphaïa）。

十年战乱

雅典和斯巴达之间的冲突持续了一年又一年，两座城邦陷入了一场无休无止的战乱之中。本页插图：德西利奥斯石碑（Dexiléos），创作于公元前4世纪。现藏于雅典国家考古博物馆。

插图（右侧） 出土于拉科尼亚伯罗奔尼撒地区的陶器。现藏于巴黎罗浮宫博物馆。

无休止的冲突

伯罗奔尼撒战争的第一阶段，双方势均力敌，雅典人控制海域，斯巴达人统治陆地。无论是雅典暴发的瘟疫，还是城邦之间的内战，都没能打破两个阵营之间的平衡，陷入僵局的战况最终迫使双方签订和约。

在普拉提亚人屠杀底比斯士兵 80 天之后，斯巴达吹响了入侵阿提卡的号角。公元前 431 年 5 月底，金黄的麦田正等待收割，斯巴达军队在供给充足的情况下，重兵出击雅典。不久之前，按照伯里克利的计划，生活在乡村的雅典人已经将牲畜转移至阿提卡对岸的埃维亚岛，返回时，他们放弃了农田和财产，带着妻子、孩子和奴隶搬进城里。广场上、大街小巷，甚至神庙里到处都挤满了人。所有的安置场所都人满为患，新来的人只能在连接雅典和比雷埃夫斯港的两道长墙之间搭起了帐篷。

伯罗奔尼撒战争的第一阶段

公元前431年

入侵阿提卡 斯巴达军队入侵阿提卡。雅典人发动对伯罗奔尼撒半岛的袭击。

公元前430年

雅典暴发瘟疫 瘟疫流行造成雅典1/3人口死亡，其中包括伯里克利（公元前429年）。

公元前427年

攻陷普拉提亚 两年的围城后，斯巴达军队最终攻占了普拉提亚。

公元前425年

皮洛斯和斯法克特里亚岛 雅典人取得了两场战役的胜利。292名斯巴达人被俘。

公元前424年

德里昂（波奥提亚） 伯罗奔尼撒同盟夺取了胜利。不久之后，斯巴达将军布拉西达斯占领雅典殖民地安菲波利斯。

公元前421年

《尼西亚斯和约》 两大阵营决定签署协议。但这份和约并没有终结雅典和斯巴达之间的冲突。

斯巴达国王阿基达摩斯率领伯罗奔尼撒军队洗劫了厄琉西斯，战争由此打响。随即军队前往富饶的特里亚（Trias）和阿卡奈（Acharnes）平原地区，摧毁了沿途的庄稼、葡萄园和橄榄园。雅典人在高高的城墙上悲愤地目睹自己的家园被付之一炬，整个阿提卡浓烟四起。斯巴达的各个部队利用这些农庄和房屋作为驻扎地，几天之内就把这里掠夺一空，只留下一片焦土。

雅典城内群情激愤。目睹自己的财产被毁，人们难掩心中的愤怒，特别是伯里克利禁止雅典军队介入其中，让他们更加悲愤。伯里克利不停地劝慰

大家，不要因为失去财产而感到痛苦。战争结束后，房子可以重建，土地也可以重新耕种。雅典人必须相信自己，世界上所有可以经由海路到达之处都将由他们支配。伯里克利认为，雅典的强大是基于其制海权，因此雅典的战略也应该以此为中心。在陆地上向斯巴达人发动进攻是错误的，因为这是以弱攻强，得不偿失。

在政敌的推波助澜下，公众对伯里克利的不满愈演愈烈，其中就包括克莱昂（Cléon）。修昔底德认为，他是“最激进的公民，说起话来严酷，爱自夸”。针对伯里克利的指责和抨击一直持续至公元前

伯里克利发表葬礼悼词

在为战争第一年阵亡将士举行的官方葬礼上，执政官在发表悼词时高度赞扬了民主制。在凯拉米克斯墓地的讲坛上，伯里克利重申统治雅典的原则，颂扬了民主制的崇高，并将它与伯罗奔尼撒的寡头政治进行了比较。

上图 《伯里克利时代》（*L'Époque de Périclès*），19 世纪画家菲利普·冯·福尔茨（Philipp von Foltz）的画作。

431 年的夏末秋初。伯里克利随即派出了一支由 100 艘船组成的舰队，成功侵袭了伯罗奔尼撒半岛脆弱的海岸线。雅典步兵和弓箭手蹂躏了半岛的东海岸，洗劫了麦索涅（Méthone）和菲亚（Pheia）两座城市。舰队随后继续往北行驶，前往阿卡纳尼亚（Acarnanie），这个地区虽位于伯罗奔尼撒半岛之外，但属于科林斯管辖。雅典人占领了索里昂（Solion）和基法伦尼亚岛（Céphalonie），确保了对意大利至克基拉海上航线的控制。

舰队在返回途中，为了给此次出征锦上添花，雅典人攻击了紧邻比雷埃夫斯的埃伊纳岛，岛上的居民被驱逐出岛。不久之后，一批雅典移殖民到达该岛定居，从而确保掌控萨罗尼克湾的交通。但是，雅典并不满足于此。入冬前，伯里克利为了进一步加强其权威，集结起有史以来规模最大的陆军（1 万名重装步兵、3000 名居住在雅典的外国侨民，以及一支庞大的轻装步兵军团），伯里克利亲自率领这支军队前往墨伽拉边境地区，毁坏田地，洗劫城镇。伯里克利带领雅典军队重拳出击，从而平息了少数寡头派系对他的责难和抨击。而最令伯里克利痛苦的事，莫过于连累亲近的人被告上法庭，比如阿斯帕西娅和哲学家阿纳克萨格拉斯（Anaxagore）。在报复性重创了伯罗奔尼撒同盟之后，伯里克利终于可以享受暂时的宁静。

正是在这个背景下，公元前 431 年冬天，雅典为伯罗奔尼撒战争第一年阵亡的将士举行了官方葬礼。按照以往的习俗，雅典人会选择一位最受尊敬的市民发表葬礼悼词。伯里克利自然就成为那个走上凯拉米克斯墓地（Céramique）讲坛的人。修昔底德作为见证者记录下了将军的演讲，这也成为历史上非常优美且著名的演讲之一。

值此之际，伯里克利捍卫了民主制度，反驳了寡头派对民主制度的诋毁：“所有人在法律上都是平等的。在公共事务中，如果一个人在某方面出类拔萃，他就可以担任公职，我们看重的是他的个人功绩，而不是他的社会地位。”此外，关于斯巴达的军事训练，他批评道：“他们如此年轻，试图通过严酷的训练增强体魄。尽管我们的生活无拘无束，但我们在面对危险时，也从不畏惧。”随后，他强调了雅典人的无畏：“我们将要采取的行动是经过深思熟虑的，另一些人则是无知者无畏，而思考则使这些人不知所措”；他还称赞了“对简单的美的热爱和对知识的不断渴求”，他最后肯定道：“我们结交朋友旨在给予他人好处，而不是为了得益于他人；我们在给予他人帮助时，是出于一种信念，而不是出于机会主义，因为这份信念的来源是自由。”

关于阵亡将士，伯里克利强调：“他们的死证明了一个人的价值；他们宁愿在抵抗中牺牲，也不愿在屈服中偷生；他们没有受到别人的责难，而是以血肉之躯坚守阵地；在决定命运的那一刻，在荣耀的至高时刻，在没有恐惧的地方，他们离我们远去。”最后，伯里克利借此机会鼓励聚集在此的人们，“这些人应当成为你们的榜样，他们认为，幸福是自由的成果，而自由是勇敢的成果，他们从不在战争的危险面前退缩”。（修昔底德，第二卷，第 34—44 页）

雅典的瘟疫

公元前 430 年初春，斯巴达国王阿基达摩斯再次派遣军队出征阿提卡平原，在 40 天内疯狂掠夺农场。在伯里克利葬礼演讲的鼓舞下，雅典人组织了一支由 100 支战舰组成的舰队，开赴海上，准备向他们唯一的目标伯罗奔尼撒半岛再次发起进攻。然而 6 月初，伯里克利不得不在途中折返，此时的雅典正在经历一场奇怪的传染病，即“瘟疫”。然而当时人们对瘟疫一无所知，这场灾难就像野火一般迅速在人群中蔓延，大量患者死于发烧、腹泻、呕吐和痉挛。修昔底德也被传染了瘟疫。而他幸存了下来，并详细记载了具体病征，同时指出这场传染病来自埃塞俄比亚，经由比雷埃夫斯港进入雅典。

专家认为，修昔底德描写的症状和一种被称为“流行性斑疹伤寒”的变种十分相似，但不能排除是其他传染病的可能性，比如肺鼠疫或麻疹。令人震惊的是，在这场“瘟疫”肆虐雅典的最初 3 年间，三分之一的雅典公民死于此病，其中有 4000 多名重装步兵和 300 多名骑兵。因此，整个城市遭受了严重的打击，人们的情绪十分低落。一年半之后，雅典的统帅伯里克利最终也死于这场可怕的传染病。

雅典人在伯罗奔尼撒战争之初所采取的战略是将阿提卡的所有人都转移到雅典

伯罗奔尼撒战争的主要战役

雅典人把始于公元前 431 年的这场战争称为“伯罗奔尼撒战争”，因为正是在伯罗奔尼撒半岛上，雅典人向对手发动了第一次进攻。随后，冲突升级，双方全面开战，由此导致希腊全境爆发了多场陆战和海战，以及残酷的内战和旷日持久的围城战。

在斯巴达与雅典持续冲突的27年间，这场大战的对峙场面发生了两次变化。在战争第一阶段，大部分冲突主要集中在希腊大陆。《尼西亚斯和约》签署后，雅典和斯巴达的战场转移至西西里岛。在随后的战争第二阶段，双方的冲突主要位于小亚细亚沿岸，此时，斯巴达在波斯人的支持下，意欲争夺赫勒斯滂海峡的控制权。

左图 公元前6—前5世纪，科林斯式头盔，现藏于奥林匹亚考古博物馆。

城内，而这恰恰是这场灾难迅速蔓延的主要原因。过度拥挤、卫生条件差以及垃圾和粪便的堆积为病毒传播创造了条件。因为害怕被传染，雅典人丢弃了大量未经掩埋的尸体，放弃了希腊最重要的宗教仪式——葬礼，同时也进一步加速了疾病的传播。许多公民认为伯里克利应该为这场灾难负责，因为正是他决定采取不常用的防守策略。除了疾病，还有更深重的罪恶，这激起了长者们强烈的宗教谴责：“没有人会受制于对神的敬畏或人类的法则；当他们看到所有人毫无差别地遭受

❶ **斯法克特里亚岛之战（公元前425年）** 在美塞尼亚皮洛斯对岸的小岛上，雅典人屠杀了被困岛上的斯巴达人，逼迫他们投降。

❷ **德里昂之战（公元前424年）** 由于波奥提亚骑兵的介入，雅典在离其边界不远的地方遭受了出乎意料的惨败。

❸ **安菲波利斯之战（公元前422年）** 雅典惨败，将色雷斯海岸的战略宝地拱手让给了斯巴达。

❹ **曼提尼亚之战（MANTINÉE）（公元前418年）** 伯罗奔尼撒的胜利打乱了雅典和阿尔戈斯之间的联盟，扭转了希腊的民主化进程。

❺ **锡拉库萨之战（SYRACUSE）（公元前413年）** 尽管数量上处于劣势，锡拉库萨舰队在斯巴达的支援下赢得了战斗，雅典军队落荒而逃。

❻ **阿吉纽西之战（ARGINUSES）（公元前406年）** 雅典舰队击沉了70艘伯罗奔尼撒桨帆船，然而因救援不当，致使大批雅典水手和士兵溺死，让这份胜利蒙上了阴影。

❼ **羊河之役（AIGOS POTAMOS）（公元前405年）** 这场战役与其说是海战，不如说是一场陆战，吕山德率领斯巴达舰队摧毁了雅典舰队。

苦难时，虔诚并不比不虔诚更有价值；此外，没有人能够预料他是否能活到因为违法而被推上被告席的时候。”（修昔底德，第二卷，第53页）

伯里克利的终结

从出征伯罗奔尼撒半岛折返回来后，伯里克利的处境十分艰难，但他仍下令向波提狄亚派遣军队。对这座卡尔基狄克城市的围攻持续了很长时间，雅典在人力和财力方面付出了沉重的代价。伯里克利打算留在雅典应对肆虐的瘟疫。然而，尽管兵力多达 4000 人，但出征波提狄亚遭遇了惨败，一方面是由于波提狄亚人的顽强抵抗，另一方面则是因为一些新派遣的士兵身染瘟疫，导致之前的先遣部队被感染。

伯里克利的侄子阿尔基比阿德斯（Alcibiade）在围攻波提狄亚的战斗中受伤。多亏了哲学家苏格拉底用盾牌挡住了敌人的弓箭，他才幸免于难。然而，其他 1050 名雅典战士却没那么好的运气，雅典仅在 40 天内便遭受了巨大的损失。此外，科林斯派遣的雇佣兵组成了守城的波提狄亚军队，他们由寡头派统率，还未到山穷水尽的地步。于是，雅典部队为避免在战场上爆发新的冲突，决定尽可能将包围圈缩小至城墙脚下。

波提狄亚的最新战况传到了雅典，加上瘟疫造成的混乱和荒凉，人们把矛头指向了伯里克利。寡头派的领导人指控他贪污,并于公元前 430 年 9 月将其送上法庭。雅典是一座追求公平正义的城市，叛国罪是推翻政敌最常用的借口。挪用公款的不法行为可以被判处死刑，但是陪审团并不相信伯里克利有罪，他最终被判革职，并缴纳了一笔罚款。多亏好友的慷慨解囊，将军才交清了罚款。

众所周知，雅典最重要的职位是十将军，这个职位只能通过投票选出，而不是靠抽签。十将军统领军队和舰队，每年必须通过选举才能连任。他们的职责不仅包括军事，还包括城邦的政治。尽管公民大会是雅典真正的决策机构，但事实上一位极具权威或影响力的将军才是实际的领导者。伯里克利便是如此：他连任十将军长达 30 年，指挥了最重要的几次军事行动。凭借演说家的才能和崇高的精神力量，在雅典面临各种棘手情况时，他都能够贯彻执行自己的想法。

被判决革职，伯里克利感到非常痛苦。雅典令人不安的情况、瘟疫引起的大量人口死亡，以及围攻波提狄亚造成巨大的人力和财力损失，人们把所有这一切责任都归咎于伯里克利，但是这位伟大的十将军觉得自己被束缚住了手脚，对这场灾难无能为力。尽管伯里克利已经 65 岁了，但他仍有足够的资源和精力来攻克难关。有三个问题困扰着他，其中两个问题将在之后的几个月里得到解决。

苏格拉底：没有传世著作的哲学家

雅典的苏格拉底（公元前 470—前 399 年）是西方哲学的奠基人。亚里士多德将两项重大发现归功于他：普遍概念和归纳推理。他不是通过写作，而是通过与他人的对话来论证自己的观点并挑战常识。他所展现出的勇气和毅力让弟子们为之叹服。

德尔斐神谕说苏格拉底是世界上最富有智慧的人，尽管他曾自视一无所知。这个谦逊的人总是光着脚，穿着一件旧长袍，极大地影响了雅典人的思想。他简单而革命性的假设，颠覆了所有的道德讨论：他认为，只有一种善，即知识；一种恶，即无知。因此，没有好人或坏人，只有智者或无知者，无知便是万恶之源。他的死震撼人心：他因“腐化青年”被法院判处死刑，但他拒绝乞求赦免或外出逃亡。苏格拉底对西方哲学的影响既因他的死而增加，也因他的思想在柏拉图著作中的分量而增加。

插图　公元前2—前1世纪的壁画，展现了在被称为“苏格拉底之家”中的哲学家形象，现藏于塞尔丘克考古博物馆（Musée archéologique, Selçuk）。

首先是波提狄亚的困境：尽管瘟疫肆虐，天寒地冻，雅典军队仍牢牢困住了波提狄亚，城里已陷入饥荒，甚至出现了吃人肉的情况。公元前 430 年冬天，最终在经历了两年半的围城之后，守军与前来谈判的三位雅典将军签署了协议：想活命者就必须立刻撤出波提狄亚，只能带上一个包袱、一张毯子和一小笔钱作为路费。不久之后，荒芜的波提狄亚引来了一批移殖民，这里成为雅典在卡尔基狄克地区的战略据点。

公元前 429 年春天，困扰伯里克利的第二个问题——停职，也得到了解决。大部分公民认为，雅典不能错失一位如此才华横溢的人，尤其鉴于当时的时局艰难；公民大会再次选举他为十将军。

第三个问题也是这三个问题中最严重的一个，在瘟疫肆虐的雅典，伯里克利还是未能幸免于难。7 月，刚复职不久，这位伟大的十将军便感染了瘟疫。他不得不忍受两个月的病痛折磨，这对他来说是致命的。而更糟糕的是：在迎来自己的悲惨结局前，他必须参加他的两个儿子的葬礼。

普拉提亚和米提列涅

公元前 429 年春天，阿基达摩斯的军队再一次毁坏了阿提卡的农田。但由于害怕雅典的瘟疫，斯巴达人很快就改变了路线，转而向普拉提亚进军。斯巴达最重要的盟邦之一底比斯曾多次要求进攻普拉提亚，灭绝普拉提亚人，以此报复普拉提亚对底比斯士兵的屠杀。然而，公元前 490 年，斯巴达为了感谢普拉提亚在马拉松战役中的鼎力协助，曾向普拉提亚人宣誓会保护这座城市，这也是斯巴达始终没有答应底比斯的请求的原因。但在底比斯的不断施压下，斯巴达人还是违背了曾经的承诺。

凭借当时的攻城技术，普拉提亚的城墙是难以攻陷的，任何想要攻破城池者只能选择围城。然而，由于雅典的主力部队在波提狄亚陷入僵局，雅典只能派遣一支小队去支援普拉提亚。面对底比斯人强烈的复仇念头，阿基达摩斯国王多次劝说普拉提亚当局投降，以避免被屠杀。但普拉提亚誓死不降。

斯巴达国王阿基达摩斯率军围攻普拉提亚长达两年的时间，普拉提亚人眼见雅典无力支援，而斯巴达人又承诺会进行公正的审判，于是决定投降。大部分普拉提亚人在围城之前都已逃走。在一个风雨交加的夜晚，滞留在城里的四百八十人中的一半突破了斯巴达人的包围。这是他们唯一的机会，因为司法审判其实只是一场闹剧。仍然在城墙内顽强抵抗的 200 位公民和 25 名雅典士兵最终都被判处了死刑。这座空城被交给了底比斯，底比斯人毁坏了城里的所有建筑。田地则被分租给底比斯人。总之，普拉提亚对于雅典的忠诚，以及他们面对敌人时的英勇顽抗终成为徒劳。

战争和艺术

在公元前 5 世纪最后 30 多年至公元前 4 世纪期间，搅动整个希腊的纷乱也影响了当时的雕塑艺术。这一时期，雕塑艺术十分繁荣，通过赞颂辉煌的功绩来表达尚武的主题。上图：公元前 4 世纪的浅浮雕，描绘了希腊人和亚马孙人（Amazones）之间的战斗场景，现藏于雅典国家考古博物馆。

阿尔戈斯赫拉神庙的排档间饰

作品创作于约公元前423年，现藏于雅典国家考古博物馆。阿尔戈斯是雅典的盟友，斯巴达的宿敌，在伯罗奔尼撒战争的前10年一直保持中立。

公元前429年夏天，斯巴达企图从海上突袭科林斯湾的雅典据点——诺帕克图斯，雅典将军弗米奥（Phormion）率领舰队击退了斯巴达人。而斯巴达进攻比雷埃夫斯的行动也惨遭失败，斯巴达在海战上接连受挫，使得原本就略逊雅典一筹的海军实力，更加一败涂地。

公元前428年春天，雅典逐渐摆脱了瘟疫的阴霾。斯巴达军队再次实施了对阿提卡一年一度的入侵，在长达一个月的时间里毁坏农场、菜园和橄榄园。斯巴达人撤退不久后，便传来了列斯堡重镇米提利涅爆发叛乱的消息。雅典立刻派出一支由40艘战舰组成的舰队前往平息动乱，唯恐失去重要的收入来源。同时，雅典又派出100艘战舰驶

希腊军队的士兵

重装步兵是公元前5世纪最重要的部队。重装步兵代表了战争艺术中的高贵和荣誉。然而，从伯罗奔尼撒战争开始，轻步兵、骑兵和雇佣兵逐渐受到重视，这个趋势一直持续到希腊化时期。

弓箭手 轻步兵主要由弓箭手、标枪投掷者和投石手组成。弓箭手❶可以支援重装步兵；克里特岛的弓箭手在整个希腊是最训练有素的。

重装步兵 方阵排列的重装步兵是军队的核心，他们装备有胸甲、头盔、护胫、圆形青铜盾（hoplon）❷、长矛和剑。

轻步兵 主要由拿着椭圆形柳条盾(pelté)的士兵组成，还包括身穿束腰外衣（chlamyde）、头戴宽檐帽的年轻士兵❸。

骑兵 骑兵在公元前5世纪并不多见。西西里岛战争（公元前415—前413年）中雅典战败，享有盛誉的锡拉库萨骑兵❹在其中发挥了关键作用，骑兵由此开始发展起来。

雇佣军

伯罗奔尼撒战争期间，两大阵营都有雇佣军，他们通常雇用的是蛮族。希腊战乱导致的经济危机迫使成千上万的希腊年轻人成了雇佣兵，他们为重装步兵效劳，尤其是在波斯帝国。

右图 公元前1世纪的陶器作品，上面绘有三个士兵，两个重装步兵，以及两人中间的一个使用新月形小盾的轻步兵或雇佣兵，现藏于罗马国家伊特鲁里亚博物馆（Musée national étrusque, Rome）。

斯法克特里亚岛之战：轻步兵对阵重装步兵

克莱昂和德摩斯梯尼下令麾下的 70 艘桨帆船在斯法克特里亚岛的西部和东部登陆。他们在兵力上的优势是压倒性的：1000 名重装步兵、800 名弓箭手、800 名轻步兵和 8000 名桨手，而敌方只有 420 名斯巴达士兵和同样多的黑劳士。

双方的第一次对峙发生在大战的前夜。❶ 一支雅典由重装步兵组成的小分队在该岛南部登陆，突袭了斯巴达哨塔，并屠杀了30名斯巴达士兵。黎明时分，主力部队在岛的两侧登陆，士兵们一起向敌营进发，敌营位于岛中心，靠近岛上唯一的水井。❷ 雅典人放弃利用重装步兵编队进行战斗，转而采用游击战术。斯巴达人随后向北方节节败退。❸ 最终，斯巴达人退守至悬崖附近的一座废墟的碉堡，雅典人随即将他们包围起来，并向他们射箭、投掷石块和标枪，斯巴达人没能坚持到与雅典人近身肉搏，就被迫投降了。

帕奥尼斯（Paionios）的雕塑作品：胜利

这座雕像由美塞尼亚人和诺帕克图斯人出资建造，以纪念战胜斯巴达人。作品 2 米多高，雕刻于公元前 421 年左右，现藏于奥林匹亚考古博物馆。

往伯罗奔尼撒半岛沿岸，意图牵制斯巴达，防止斯巴达或其盟邦派兵支援列斯堡叛乱。

米提列涅围攻战遭遇了城内军民的顽强抵抗，他们坚持了将近一年。斯巴达为了回应雅典对列斯堡的报复性惩罚，于公元前 427 年春对阿提卡发动了最具毁灭性的一次入侵。与此同时，斯巴达决定派遣一支舰队前往列斯堡，却在出征途中获知雅典已经攻占米提列涅，舰队只能无功而返。这不是第一次也是最后一次，伯罗奔尼撒联盟部队因迟迟不愿出征而错失战机；拖延、上层意见不统一、迷信、遵从宗教仪式，以及担心后防空虚，都是斯巴达出兵迟缓的重要原因。

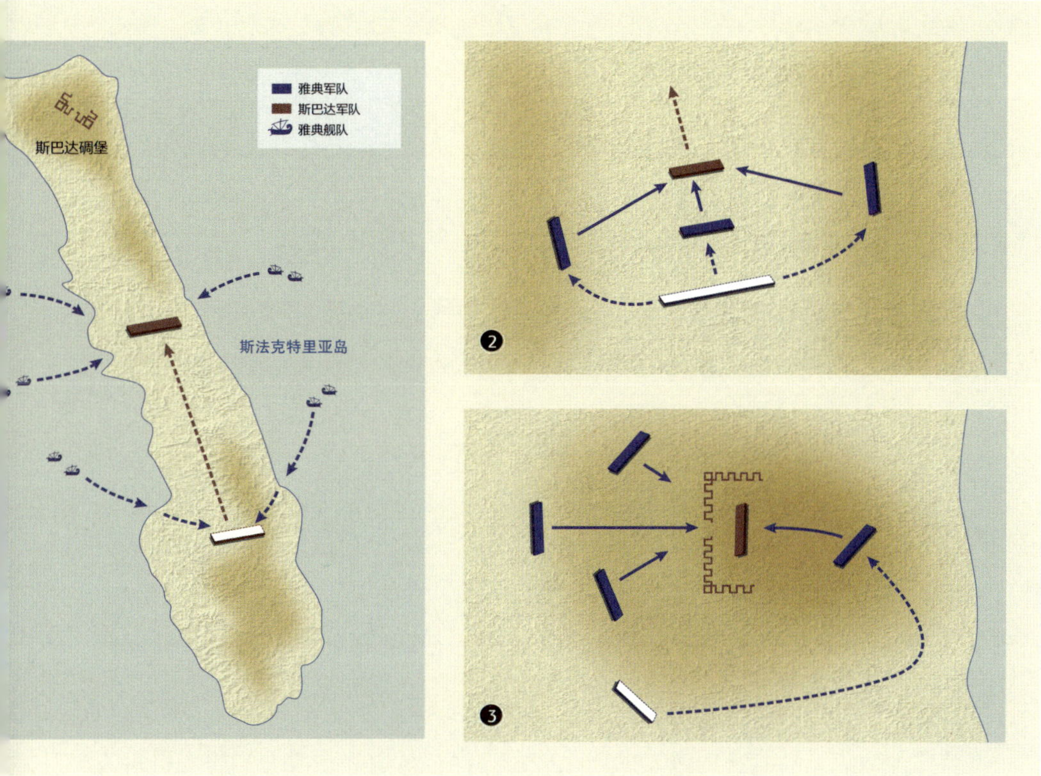

镇压列斯堡叛乱之后，克莱昂向雅典公民大会提出了一项残忍的提议，提议最初得到了公民大会的认可，即处决米提列涅的所有男人，把女人和孩子卖给奴隶贩子。经历了 4 年的纷乱，雅典早已疲惫不堪，做出这样的决议也不足为奇。雅典人所承受的不是一场普通战争的后果：惨遭劫掠的阿提卡瘟疫肆虐，加之战乱纷纷，造成死伤无数。然而，公民大会决议的第二天雅典就重新召开了会议，并决定不再处决列斯堡叛乱的“几千名罪魁祸首”。尽管如此，这仍是雅典针对其臣民做出的最骇人听闻的决议，即使温和派在最后一刻驳回了克莱昂的非人道提议。克莱昂是寡头派的领导人，伯里克利的骤然去世给了他一个意想不到的机会。

公元前 427 年初，科林斯决定向克基拉移送锡博塔战役中俘获的 250 名战俘。在长达 7 年的囚禁生涯中，科林斯人善待了他们，以至于他们竟然想要转投曾经的敌对阵营。这些战俘中的大多数在被释放后投身克基拉的寡头派，目标是推翻民主制度，瓦解雅典同盟。于是，克基拉很快便陷入了一场血腥的内战，政治暗杀逐渐变为因家族复仇而引起的蓄意谋杀。尽管寡头派招募了 800 名雇佣兵投入内战，但经过几十年仍无法推翻民主制，显然民主制早已深深地植根于克基拉的政治生活。

这种邻邦之间的冲突开始在整个希腊蔓延。所有的希腊城邦分成了两大阵营，尽管程度有所不同，但分别是寡头政治的支持者和民主制度的捍卫者。支持寡头政治的城邦可以申请加入伯罗奔尼撒同盟，并在其帮助下夺取政权；而支持民主制的则转向提洛同盟，寻求雅典的庇护。这种情况引发了许多地区冲突，尽管是在大战背景下，但与两个阵营之间的敌对无关。这些冲突充斥着野蛮、狂热、背叛和对政党的盲从，达到了史无前例的程度。

修昔底德认为，希腊各地爆发的派系战争“通常是由那些最无知的人引起的，因为他们意识到自己的弱点和对手的才智，他们害怕在辩论中相形见绌，惊讶于对手的才思敏捷；这就是为什么他们迫切要显示自己的果敢”。（修昔底德，第三卷，第 83 页）在这些内战中，由道德困境引发的灾难甚至超过了围城和大型战役。尽管伯罗奔尼撒战争本质上是一场骨肉相残的冲突，但曾经友好的邻邦以局势紧张为由互相残杀，是这场战争中最令人唏嘘的地方。

斯法克特里亚和安菲波利斯

公元前 425 年，雅典将军德摩斯梯尼（Démosthène）采取了一项出色的举措，取得了很好的效果。他的想法是在皮洛斯沿着美塞尼亚海岸较为荒芜的一侧建立军事基地。这个计划有以下三个理由：皮洛斯具有战略地位，它位于伯罗奔尼撒半岛西海岸，离斯巴达直线距离只有 70 公里；皮洛斯天然港口（今纳瓦里诺湾，baie de Navarin）的面积大，方便沿伯罗奔尼撒半岛航行的各类船只进出停靠；尤其是如果雅典在皮洛斯建立军事基地，就可以诱使黑劳士叛逃，以此支持美塞尼亚人反抗斯巴达，从而动摇斯巴达城邦的根基。

雅典人利用周边充足的石头和木材，仅用6天就建成了防御要塞。因此，当斯巴达人抵达皮洛斯时，德摩斯梯尼及其部队已经躲进了要塞。纳瓦里诺湾有斯法克特里亚岛（Sphactérie）作为天然屏障，该岛长约3公里，宽0.5公里。斯巴达人的战术是从陆上和海上堵住纳瓦里诺湾通向大海的两个出口。为此，他们决定冒险派遣420名重装步兵和420名黑劳士作为增援部队，企图占领斯法克特里亚岛。几天后，两军便在海湾开战，雅典人再一次展现了海上的绝对优势，向敌方舰队发动了猛烈的攻击。在德摩斯梯尼军队的猛攻下，敌方战舰相继沉没或被占领，斯法克特里亚岛上的斯巴达人和黑劳士被完全隔绝。这场奇特而史无前例的战役影响了战争的进程——尽管可能没人相信，这420名战士对斯巴达而言非常重要。这些战士不仅年轻且人数众多，占此次出征部队的1/10，而且其中200名战士出自斯巴达的名门望族。于是，斯巴达人只能放下尊严，赶紧和雅典人缔结休战协议，同意与皮洛斯要塞达成互不侵犯条约。德摩斯梯尼尽管封锁了斯法克特里亚岛，但同意向岛上的斯巴达人定期供给食物。

这项协议首次开启了两大阵营间的和谈。当时雅典的两位核心人物——强硬的寡头派领袖克莱昂和民主制的拥护者尼西亚斯（Nicias）——就此议题展开了激烈的辩论。尼西亚斯更为温和，倾向于使用外交手段。克莱昂提出互不侵犯的必要条件是，双方恢复到公元前445年的状态。正是在那一年签署了《三十年和约》，这意味着雅典将重新控制墨伽拉和波奥提亚。而尼西亚斯则认为唯一可行的办法是基于当时的政局，即公元前425年的实际情况，寻求局部协商。

冬季来临，驻扎在皮洛斯的14000名战士的粮食补给开始出现问题，尤其是淡水供应。危急的局势要求雅典必须迅速做出抉择。克莱昂为了挑衅政敌尼西亚斯，吹嘘道："我将在20天之内活捉岛上所有的斯巴达人，或者把他们就地处决。"这只是一种挑衅的说辞，但他却掉进了自己设的陷阱里，雅典的民众迫使他立刻出征，而当时的十将军尼西亚斯将军队的指挥权移交给了克莱昂。当克莱昂抵达皮洛斯时，

德里昂之战和底比斯的胜利（公元前 424 年）

雅典的计划是从南面和北面进攻波奥提亚的德里昂。原本，德摩斯梯尼将军应率领希腊西部的阿卡纳尼亚联军，以及属于民主派的弗凯亚人和波奥提亚人出征德里昂，而希波克拉底将带着一支重装步兵从雅典出发支援。

这个计划从一开始便注定要失败。首先，由于各方协调失误，底比斯人获知了德摩斯梯尼的意图：底比斯人立即封锁了德摩斯梯尼军队的行进路线。因此，希波克拉底只能独自率军占领德利昂，并加固防御工事。然而，在希波克拉底回阿提卡的途中，遭遇了底比斯军队的突袭。❶ 雅典的右翼部队击溃了敌人的左翼部队［来自塞普斯（Thespies）、塔纳格拉（Tanagra）和奥尔霍迈诺斯（Orchomène）的士兵］。❷ 然而，雅典人还没来得及包围敌军，波奥提亚两支强大的骑兵队就出现了，摧毁了雅典军队的方阵，致使雅典士兵四散溃逃。底比斯人趁此机会杀死了1000多名雅典士兵，包括他们的将军希波克拉底。这场战役是开战以来人员伤亡最严重的一次。

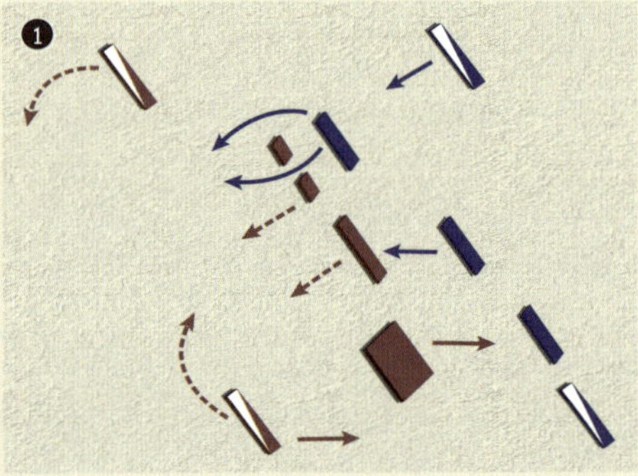

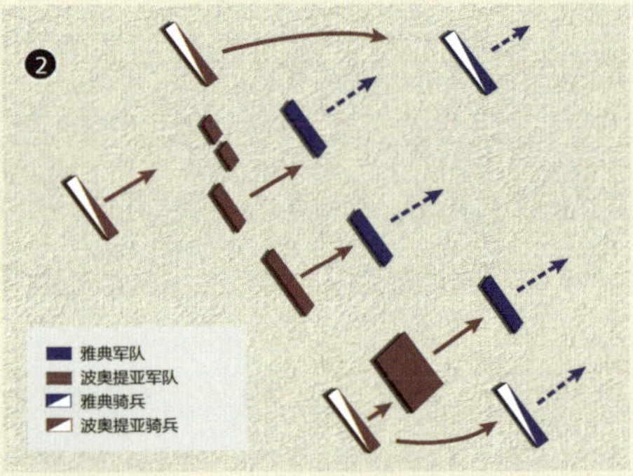

左图　公元前500年左右制作的战士雕像，现藏于柏林古代艺术收藏馆（Antikensammlung, Berlin）。

他决定和德摩斯梯尼将军共同指挥这次军事行动。

两位将军实施的第一个举措就是烧毁狭长的斯法克特里亚岛上的树林，从而迫使被困岛上的斯巴达人现身。随后，他们命令1000名重装步兵、800名弓箭手、800名轻盾兵，以及配备各种武器的8000名桨手作为增援。他们将所有士兵分为几个连队，每队200人，然后便向岛上的420个斯巴达士兵及其黑劳士侍从发起了进攻。

寡不敌众的斯巴达重装步兵很快便被雅典的轻盾兵包围了，雅典人向敌人发射箭镞，投掷标枪和石头。人数上处于劣势的斯巴达人只能用盾牌抵挡，而无力还击。斯巴达人最后投降了，避免被全部歼灭。这桩闻所未闻的事件完全超出了雅典对斯巴达的认知——要知道按照斯巴达的道德观，投降是有失尊严的。

克莱昂遵守了20天内结束战斗的诺言，他带着斯法克特里亚岛上的292名斯巴达战俘凯旋，受到了雅典市民的热烈欢迎。这些宝贵的人质确保了阿提卡将不会再次遭受侵袭。至此，雅典的新英雄将不费吹灰之力便能说服公民大会采纳他针对伯罗奔尼撒同盟的主战策略。

公元前424年春，雅典对陷入困境的敌人发起了更加猛烈的进攻。雅典的舰队入侵了基塞拉（Cythère），这座岛屿关系着斯巴达的贸易和军事供给。此外，雅典人还占领了位于阿古利达和斯巴达中间地带的一座沿海城市泰里亚（Thyrée）。泰里亚是一座极具战略重要性的城市，这是由于阿尔戈斯和斯巴达之间素有仇怨，而泰里亚位于双方有争议的边界线上。

同年夏天，雅典军队出征墨伽拉和波奥提亚，这两座城市对于控制希腊中部地区至关重要。尽管得到了墨伽拉民主派的支持，但德摩斯梯尼没能攻下这座城市，因为斯巴达和底比斯的增援部队及时赶到，阻挠了雅典人的进攻。雅典派往波奥提亚的希波克拉底（Hippocrate）将军没能利用亲雅典派的变节占领这座城市。更糟糕的是，他率领的军队在德里昂惨败于底比斯人——德里昂建有阿波罗神庙，位于阿提卡边境。

普鲁塔克（Plutaque）在《阿尔基比阿德斯传》（*VIe d'Alcibiade*）中记述，

在德里昂战役中，阿尔基比阿德斯回报了苏格拉底在波提狄亚战斗中的救命之恩：“雅典人溃败时，阿尔基比阿德斯骑着马，看到苏格拉底和几个士兵正在步行撤退，阿尔基比阿德斯没有继续前行，而是留下来护送苏格拉底，为此他一路上击杀了许多敌人。”

雅典人在波奥提亚遭遇惨败，斯巴达将军布拉西达斯（Brasidas）趁机打了一场胜仗。他征集了700名健硕的黑劳士，带领他们前往边远的安菲波利斯，它是雅典的盟邦，位于卡尔基狄克和色雷斯交界处。布拉西达斯此行的目的，一是阻止美塞尼亚的奴隶逃往皮洛斯的雅典要塞，二是占领这座具有战略重要性的城市。安菲波利斯不仅富产木材，坐拥金银矿，是一座富有的城市，而且位于斯特里蒙河岸，从水路或陆路皆可通往达达尼尔海峡和黑海，是向雅典运送粮食的要道。布拉西达斯计划以极小的军事代价攻占这座心仪的城市。

当斯巴达进攻安菲波利斯时，修昔底德在离那儿不远的塔索斯岛，率领一支由6艘桨帆船组成的舰队。彼时的将军、未来的历史学家，在收到消息后立即赶往安菲波利斯。然而，当他到达时，安菲波利斯已被布拉西达斯攻陷。雅典法庭因此判决修昔底德叛国，流放20年：直到公元前404年战争结束才返回雅典。也许没有这次不公的判决，我们便无缘拜读他作为历史学家对这段战争的精彩解读。

公元前422年夏天，指控修昔底德叛国的始作俑者克莱昂将军以提洛同盟的名义，率领一支由30艘战船组成的舰队出征安菲波利斯。登陆几天后，他与布拉西达斯进行了一场非常艰苦的战斗。600多名雅典战士阵亡，伯罗奔尼撒人获得了胜利。克莱昂被长枪刺死。斯巴达人只损失了7名战士，但其中就有布拉西达斯将军。

《尼西亚斯和约》

安菲波利斯被纳入伯罗奔尼撒同盟后，色雷斯的其他城邦也相继加入了斯巴达阵营，这改变了战争的走势。雅典虽然通过占领皮洛斯获得了先机，但是在墨伽拉、波奥提亚和色雷斯接连惨败，两个阵营之间的均势从而被打破了。斯巴达和雅典一

样，主战派失势，而主和派支持者众多。布拉西达斯和克莱昂的阵亡为停战铺平了道路。

在斯法克特里亚岛被俘的斯巴达战士都出身贵族，家族势力强大，他们通过不断对当局施压，迫使其进行和谈。正是想尽量避免年轻人在战斗中的伤亡，才使得斯巴达军队放弃了每年春天入侵阿提卡的计划。雅典城内，尼西亚斯具有深厚的宗教信仰和崇高的道德操守，因此深受雅典人民的尊重，此时的他再一次面临抉择。他是主和派的核心人物，自从克莱昂死后，主和派便成为主导。此外，由于尼西亚斯没有处决敌方战俘，斯巴达当局对他评价颇高。因此，他便成

战士出征

一个重装步兵牵着马告别了妻子，而他的仆人则将加入轻步兵。武尔奇（Vulci）出土的陶器，制作于公元前470年，现藏于巴黎罗浮宫。

了最合适的和平谈判使者。

公元前 421 年 3 月，雅典和斯巴达签署协议，史称《尼西亚斯和约》，该和约试图让双方回到战前的状态。根据和约，雅典将战俘送回斯巴达，而作为交换，斯巴达不得不在领土上做出一些让步，其中之一便是归还安菲波利斯。显然，斯巴达和雅典都十分认可该和约的签署。在距离第一次入侵阿提卡 10 年后，经历了一连串的灾难，几乎摧毁了整整一代希腊人，这场自相残杀的战争似乎终于要结束了。

可能有人会提出异议，两个阵营实际上又回到了最初的起点，而回归起点并不意味着能够避免再起冲突，但即使一场战

争终结了也没能打破双方的势均力敌，这在历史上屡见不鲜。矛盾的是，斯巴达和雅典之间的均势既是实现休战的决定要素，也是对永久和平的最大威胁。

重装步兵奔赴战场

制作于公元前5世纪的雅典浮雕，发现于凯拉米克斯墓地。丧葬艺术试图通过赞美死者，也就是葬在这里的军人的美德来向其致敬，现藏于雅典国家考古博物馆。

档案：阿斯克勒庇俄斯和疗愈术

公元前 5 世纪，随着处于起步阶段的科学被引入医学领域，相信疾病是神旨的想法开始逐渐消退。

为了连接人类世界和神的世界，神话叙述了医学的起源。这就是阿斯克勒庇俄斯的故事。一天，阿波罗遇到了一位美丽的公主，这位公主是拉皮斯人，名叫科洛尼丝（Coronis），他们在埃皮达鲁斯（Épidaure）树林里激情了一夜。不久后，科洛尼丝怀孕了，但阿波罗已经离开，为了避免因未婚先孕而名誉受损，科洛尼丝决定尽快和未婚夫完婚。她的未婚夫是来自色萨利的拉里萨城的王子。阿波罗听说他的情人结婚，一怒之下，他在婚床前用箭射中了新婚夫妇。但是阿波罗立刻就后悔了，当科洛尼丝咽下最后一口气，惊慌失措的阿波罗用刀剖开科洛尼丝的腹部，小心翼翼地取出了他的儿子。这可能就是人类历史上第一次剖宫产手术！

阿波罗不知道该如何处置这个死里逃生的孩子，于是他把孩子裹在一件长袍中，带到半人马凯龙居住的皮立翁山。阿波罗仍然为自己的暴行震惊不已，他请求这位半人马老者能收养孩子并教导他。阿波罗补充道，为了弥补孩子出生前所犯下的错误，他的儿子必须治愈许多人。半人马把孩子抱在怀中，不发一言地转过身去，将孩子安置在洞穴的最深处。

这个孩子取名为阿斯克勒庇俄斯。他不仅成了一名医者，而且几个世纪以来被人们奉为医神。少年阿斯克勒庇俄斯拥有精湛的手术技能，能够巧妙使用森林里采摘的药材，如鼠尾草、曼陀罗和槲寄生，能力完全超越了他的老师凯龙。他灵巧的双手能非常精确地解剖动物，取出器官，并轻松地缝合伤口。一天，阿斯克勒庇俄斯去参拜德尔斐神庙。在那里，他第一次遇到了自己的父亲。阿波罗看到儿子如他

治疗方法 公元前4世纪初的献祭浮雕，出自奥罗波斯（Oropos）的希腊神庙，此件作品是为了献给具有治愈能力的神话英雄安菲阿拉奥斯（Amphiaraos），现藏于雅典国家考古博物馆。

医疗用品

即使希腊古典时代医生使用的药物和仪器在数量和效果上都非常有限，但希波克拉底专门讨论外科的文献，让我们知道公元前5、前4世纪的外科医生都使用了什么器具，尤其在骨折和脱臼的治疗中，应用了一种科学方法，摒弃了神秘元素。这些外科文献，包括《头颅创伤》（*Des plaies de la tête*）或《医生的配药室》（*De l'officine du médecin*），向医学生阐明绷带应该干净、轻薄且光滑。文献还教大家使用纱布、悬吊三角巾、夹板和黏性蜡膏来加固绷带。关于骨折的治疗，文献建议使用较为复杂的物理支撑，例如用于肱骨骨折的牵引梯，或用于椎骨骨折的“希波克拉底臼床”（banc d'Hippocrate）。

插图　公元前500年的陶器作品，出土于武尔奇，陶器上绘制了阿喀琉斯（Achille）为帕特洛克罗斯（Patroclus）包扎伤口，现藏于柏林古代艺术收藏馆。

所愿成了一名优秀的医者，甚感欣慰，便命令阿斯克勒庇俄斯前往埃皮达鲁斯，在那片曾经孕育了他的土地上建造一所大型疗养院，将他的才能用于为人类服务。

走向科学

阿斯克勒庇俄斯的传说还和其他赋予疾病和医学宗教意义的神话有关。在基督教兴起前，这些故事不断地给予人们信念和力量。在希腊古典时代，疗愈术逐渐远离宗教和神明治病。创作于雅典古风时代初期的《伊利亚特》中，提及了波达勒里奥斯（Podalire）和马卡昂（Machaon）两位在战场上治疗伤员的医者。尽管在荷马（Homère）的书中，这两位医者是阿斯克勒庇俄斯的儿子，但他们的医术非常实用，和超自然能力还没有关系。荷马记载了不朽英雄所成就的伟大事迹，对于他而言，一名医生的价值是无可比拟的。

历史学家希罗多德向我们讲述了克罗托纳（Crotone）的德莫塞蒂斯（Démocédès）的故事，他认为德莫塞蒂斯是“他那个时代最好的医生”（公元前6世纪下半叶）。希罗多德在书中插叙了很长一段关于德莫塞蒂斯的故事：他先后在埃伊纳岛、雅典和萨摩斯岛暴君波立克拉底的宫廷行医，之后被波斯人沦为奴隶。他被带到大流士（Darius）的王宫，在那里他能够尽其所长，为国王治疗复杂的脚踝脱臼，以及阿托萨王后胸部的肿块。国王对他赞赏有加，赏赐无数，他被公认为一名杰出的人物，在波斯王宫颇具影响力。公元前 6 世纪和前 5 世纪，受小亚细亚和西西里岛一带理性主义运动的影响，希腊人对医学的概念发生了变化。在爱奥尼亚，支持医学变革的鼓动者给自己起了一个具有阐释意义的名字，即生理学家，字面意义是“自然的思想者”。他们创造了一种全新的思维模式，脱离了神话思维。他们开始将一种积极的推理应用于自然，对于事物的探究旨在解释而非叙述。这些思想家被称为“前苏格拉底哲学家”，他们最早创立了自然科学知识。神话思想的某些方面诚然建构了这门新兴科学的框架，但这门科学却在不断的革新中，逐渐将宗教和神话排除在外。

这种被爱奥尼亚人称为哲学的思维活动涵盖了各门学科。在那个时代，各类学科还未划分出应用范围，医学、物理、地理、天文、逻辑、数学、动物学和植物学是在几个世纪之后才成为独立学科的，它们各自涉及的领域及研究方法也才有更精确的定义。但是，这些思想家都有一个新的特质，即理性（logos），这种思维模式逐渐成为一种创造连贯的世界图景的重要工具。宇宙随之而改变了。正如赫西奥德（Hésiode）所说的，宇宙不再是由宙斯控制和统治的神圣秩序。宇宙成为一个遵循自然法则的世界。这些思维上的转变动摇了整个希腊人的精神世界。

《希波克拉底文集》

正是在这样的背景下，公元前 5 世纪末，科斯岛 (Kos) 的希波克拉底（公元前 460—前 380 年）是科斯医学学派的创始人和杰出的医师，疗愈术正是因为他而最终被纳入科学的范畴。《希波克拉底文集》（*corpus hippocraticum*）正是出自科斯医学学派和克尼多斯医学学派（Cnide），这是一部涉及临床医学各个方面的医学典籍。这部著作还包括一些普及性讲座和演讲，记载十分详尽。事实上，希波克拉底和他的一些弟子并不满足于将丰富的知识写在纸上：他们将一生的大部分时间都花在了从一个城镇到另一个城镇，将医学知识传播给当时社会的精英。

希波克拉底被公认为是古希腊最具影响力的医生，此外还有 600 年后出生在帕

加马（Pergame）的盖仑（Galien）。希波克拉底可谓先锋派的人物，是凭一己之力将所属学科推进了几个世纪的先驱之一。他挑战了疾病是神之惩罚的观点。他试图用一种科学的方法证明，如果人们居住的环境不稳定，他们的健康也会因此受到负面影响。这些对现在的人来说是常识，但在当时却是一场真正的革命。

公元前 5 世纪，医学仍处于起步阶段。然而，这些医学爱好者为了阐释客观原则、脱离哲学思辨，做出了稳步、系统的努力，令人钦佩。他们的方法是理性的，包括观察、验证和构建知识，然后从中

阿斯克勒庇俄斯神庙

埃皮达鲁斯圣所（sanctuaire d'Épidaure）位于伯罗奔尼撒半岛东部阿古利达地区一片树木繁茂之地。那里有一个巨大的疗养院，里面的病人通常都是有身份的富人，他们可以享用美食、沐浴和按摩，并可在剧院里欣赏喜剧和悲剧。根据保萨尼亚斯（Pausanias）的说法，这座神庙“特别值得一看，因为它是如此和谐且美丽”。阿斯克勒庇俄斯神庙位于圣所的中心位置，从而显示出这座神圣建筑对于圣所的核心意义。在庆祝泛希腊运动会（les Asclepeia）期间，又建造了体育学校、角力场和体育场，这里也曾是希腊最著名的赛马场和战车比赛场，如今此处仍令人震撼不已。还有一座阿尔忒弥斯神庙和一个圆形建筑（tholos），里面存放着刻有著名病患名字的石碑，这些病人都曾受到阿斯克勒庇俄斯神庇佑，经过医生的专业治疗后得以痊愈。左图：圣所的重建；下图：今圆形建筑遗址的照片。

推导出适用于任何个人或任何社会的原则和规律，以预防和治疗疾病。

这些人既不知道细菌，也不了解病毒，更不用提原生动物。他们的药物治疗是不值一提的。出于法律和宗教原因，他们无法进行人体解剖，因此对于人体构造知之甚少。也正是由于这方面的认知缺失，治疗师对于人类心理和生理的研究是基于哲学家的一般理论。

因此，安纳西梅尼斯（Anaximène）和赫拉克利特（Héraclite）认为自然的基本原理分别存在于空气和火中，这些思想被某些医学推理所参考。米利都的泰勒斯（Thalès）学派的理论基础是水本原说，并由此推断出人体血液的比例会随着年龄的增长而减少，人老死其实是死于缺水。阿格里真托（Agrigente）的恩培多克勒（Empédocle）继承并进一步发展了一元论哲学家的思想，认为土、空气、火和水是自然的基本元素。他还认为，两种明显相互矛盾的力量，如爱与恨（或亲和与反感），会影响这些基本元素，从而使我们周围事物的样态发生无限变化。古希腊最伟大的医学流派正是基于这些推理来构想人体的功能。

体液和品质

《希波克拉底文集》共由53篇文献组成，其中最著名的一篇为《自然人性论》（*De la nature de l'homme*）。文中尤其指出了人体由血液、黏液、黄胆汁和黑胆汁四种体液组成，这个理论对于古希腊医学是必不可少的。它基于恩培多克勒（西西里岛人）提出的构成世界的四种基本元素，认为这些体液保持一定的平衡对于健康至关重要。正如平等民权，即所有公民在法律面前一律平等，以及权利和自由的公平分配，能够促进社会公平和政治体系的良好运作一样，人体也需要其基本要素的平衡分配（isomoira）。因此，有必要防止气候饮食不当、不健康的生活方式导致的其中一种体液超过其他体液。

恩培多克勒不仅是一名自然哲学家，还是一位成功的临床医生。他基于四种基本元素（火、空气、土和水）又提出了四种气性（热、冷、干、湿）。他认为，疾病会导致不平衡，而医生是能够在人体各种力量之间建立平衡的专家。这个学说完善了体液理论，由恩培多克勒引领的西方医学学派对于科斯学派和尼德斯学派影响深远。

在希腊古风时代，哲学的范畴涵盖了处于快速演变阶段的人类各种知识。每一门学科逐渐明确了其应用领域、目标及其研究方法。医学是较早脱离哲学范畴的学科之一，也许是因为医学是一门实践科学（technè），医学实践对于人类的影响是极其重要的。正是这种转向经验主义和对具体病例的细致观察，使得医学诊断逐渐普及，这既是希波克拉底的主要贡献，也是医生有效性的保证。

希腊古典时代的大型疗养中心

除了埃皮达鲁斯圣所之外，古典时代的希腊还有几处大型疗养中心，接收来自希腊各地的病人。尤其值得一提的是科斯岛的阿斯克勒庇俄斯疗养所（Asclepieion），科斯岛隶属多德卡尼斯群岛，也是希波克拉底的出生地。疗养所有4座建筑，相互之间由大理石台阶连接。在阿斯克勒庇俄斯神庙周围，设有可供朝圣者住宿的建筑，也是希波克拉底学派的驻地，其声望可与离科斯岛不远的克尼多斯学派相媲美。德尔斐的疗养中心也很重要：据说卡斯塔利亚泉水具有治疗作用，吸引了许多朝圣者。位于克里特岛的勒贝纳(Lébèn)疗养中心（建造在温泉之上）、伯加芒疗养中心、昔兰尼（Cyrène，在利比亚的希腊殖民地）疗养中心和奥罗波斯疗养中心也享有盛誉。其中奥波罗斯疗养中心位于阿提卡，面朝埃维亚，是献给阿尔戈斯的英雄安菲阿拉奥斯的；朝圣者在圣殿中得到关于如何治愈疾病的启示。古希腊最西端的疗养中心是位于伊比利亚东北海岸的马萨里亚殖民地安普里亚斯（Empúries），此处也是献给传说中的阿斯克勒庇俄斯的。

插图　建于公元前4世纪，位于奥波罗斯的安菲阿拉奥斯圣所。安菲阿拉奥斯被认为是具有治愈天赋的英雄，传说是俄伊克勒斯国王（Oïclès）之子。

阿斯克勒庇俄斯：医学之神　上图：公元前4世纪的浮雕，刻画了阿斯克勒庇俄斯照顾病人的场景，现藏于比雷埃夫斯考古博物馆（Musée archéologique, Le Pirée）。

卫生和锻炼

除了随军远征治疗战争创伤的外科医生外，古希腊医生对健康人的帮助大于对病人的帮助。医生的护理和建议主要集中在卫生和饮食方面，他们在教育和普及健康知识方面起到了重要的作用。只有一种情况例外：负责治疗奴隶的医生不会向其解释病因或给予建议，因为他们的目的不是预防，而只是治疗。

在古希腊，除了战争期间，健康仅限于私人领域，且与体育锻炼密切相关。在体育学校，希腊人发现，人们遵循卫生和饮食建议，同时进行体育锻炼，便能让身体健康。在古典时代，希腊公民的理想生活是利用闲暇时间滋养精神和保健身体。由此，柏拉图确立了一个目标，即精神美（虔诚、勇气、适度和公正）和身体美（健康、力量和美）达到和谐的状态。希腊古典时代，医生和体育学校教练所提倡的体育文化也是偏向精神层面的：健康最终上升为一个普遍的准则。同样，平等与和谐是城邦兴盛和个人健康的基本条件。在这种大背景下，希波克拉底和恩培多克勒虽有不同，但都是探索理性理解人体的同路人，他们坚定地为医学的这一决定性进步做出了贡献。这一进步将在希腊化时代和罗马时期得到调整，但直到大约 20 个世纪之后才会被超越。

理论上的和平

签署和约后，希腊享受了约10年的和平光景，但和约并不能阻止冲突再次爆发。此页插图：科林斯遗址，科林斯是此次战争中最好战的城邦之一。

插图（右侧） 公元前5世纪拉皮斯人（Lapithe）的雕像，它是奥林匹亚宙斯神庙装饰性雕塑之一，现藏于奥林匹亚考古博物馆。

战争未了

《尼西亚斯和约》带来了持续8年的和平，但并没有终结战争。曼提尼亚战役对战局起了决定性作用，斯巴达的胜利不仅打破了阿尔戈斯和雅典之间的同盟，还迫使许多希腊城邦打消选择民主政体的念头。而当雅典公民大会决定远征西西里时，这意味着战事已近，和平不再。

《尼西亚斯和约》签署后，希腊大部分地区都沉浸在欢乐之中，但这一切就像镜花水月般很快便消失了，尤其当保障和约的基础显得岌岌可危时。事实上，当雅典要求归还奴隶时，便能证明斯巴达并未能掌控全局。这些奴隶在斯巴达的一些盟邦手中，而这些城邦拒绝签署和约，其中就有科林斯、底比斯和墨伽拉。

正如在阿基达摩斯国王时期，与伯罗奔尼撒同盟的其他盟邦相比，斯巴达在军事方面显得更谨慎。此外，许多雅典人开始质疑斯巴达只是想先设法救回斯法克特

军乐

对于军队而言，音乐是一个关键要素。其首要目的是配合士兵步伐的节奏，并起到鼓舞士气的作用。自古以来，音乐便与宗教、荣誉密切相关，能让人回想起久远的史诗。

斯巴达军队最重视音乐。在奥洛斯（aulos，一种类似双簧管的乐器）、小号和号角的伴奏下，队列显得更加壮观。但是，修昔底德认为，军乐的重要之处在于让“部队跟随乐曲的节奏以整齐的步伐前进，从而避免部队在进攻时阵形被破坏”。希腊小号的声音比现代乐器更深沉有力，而奥洛斯的声音类似于单簧管。在斯巴达的营地里，传令官负责下达命令；但在喧嚣的战场上，只有响亮的号角声才能将命令传达给重装步兵。

右图 公元前5世纪的浮雕，描绘了行进中整齐划一的重装步兵方阵。

赫耳墨斯石像

公元前 415 年，赫耳墨斯石像遭到大规模破坏，雅典人起初归罪于亚西比德，并认为此次事件是凶兆。上图的赫耳墨斯石像为公元前 2 世纪罗马时期的复制品，现藏于伊斯坦布尔考古博物馆（Musée archéologique, Istanbul）。

里亚岛上的被俘士兵，而不是真正想结束战争。他们还认为，斯巴达更想要的是争取时间，因为传闻斯巴达的劲敌阿尔戈斯正在和雅典协商结盟事宜。显然，这场旷日持久的战争爆发的真正原因仍然存在：雅典继续试图在同盟内部加强自己的威望，而斯巴达仍然觊觎对手多年来建立的强权，并试图通过各种手段来缓和主要盟友科林斯、墨伽拉和底比斯的主战倾向。

战争刚结束，斯巴达便盯上了阿尔戈斯。斯巴达一直以来都觊觎库努里亚广阔的海岸线，这对于斯巴达的海路十分重要。此外，斯巴达还试图重新掌控阿卡狄亚地区（Arcadie）的泰吉和曼提尼亚，意图通过陆路连

接希腊其余地区。阿尔戈斯感受到了来自斯巴达的威胁，决定通过外交手段主动出击，寻求缔结联盟，以备不时之需。

亚西比德和阿尔戈斯同盟

公元前 420 年春天，亚西比德（Alcibiade）被选为十将军，自此登上了雅典的政治舞台。他当时只有 30 岁，这是晋升为将军的最低年龄限制。在雅典，他的辩才无人不知，还接受过良好的哲学教育——他是苏格拉底的挚友。他高贵的血统也受到了同胞们的认可：他是克里斯提尼（Clisthène）的后裔，而克里斯提尼正是雅典民主制的奠基人，亚西比德的母亲则出身于尊贵的阿尔克梅尼代（Alcméonides）家族，伯里克利也出自这个家族。亚西比德，这位非凡的人物随后在伯罗奔尼撒战争中扮演了极其重要的角色，他影响了整个战争的进程，直至其结束。

克莱昂死后，雅典主战派的势力有所削弱，亚西比德成了主战派的领袖。他把所有希望都寄托在和阿尔戈斯结盟，他坚持认为，雅典有责任保护一个受到斯巴达军事威胁的民主城邦。与此同时，他的政敌尼西亚斯则强调，要避免一切不必要的举措，绝不能违反刚签署的和约条款，以免危及与斯巴达之间的和平。雅典公民大会最终采纳了亚西比德的意见，与阿尔戈斯、爱利斯和曼提尼亚缔结盟约。原则上，这是一个防御联盟，为伯罗奔尼撒半岛的这三个民主城邦提供保护，但真正的目标是孤立和扰乱主要的主战派城邦，即科林斯。建立阿尔戈斯联盟显然与维系雅典和斯巴达之间的和平背道而驰。

公元前 419 年，阿尔戈斯的军队在新盟友的支持下占领了埃皮达鲁斯及其兼具温泉疗愈和宗教意义的疗养中心。作为回应，斯巴达年轻的国王阿吉斯（Agis），阿基达摩斯的继承者，于次年春天也发动了一场战役。国王率领的分队由 8000 名斯巴达重装步兵组成，10 名斯巴达人受命协助温顺的阿吉斯，以便在军事行动过程中给予国王必要的建议。对于一直在期待大战的斯巴达最激进的主战派而言，双方主帅的性格差异，即斯巴达国王阿吉斯的被动和雅典将军亚西比德的傲慢，自然而然地成为支持他们主战的最佳论据。

尽管斯巴达军队具有明显的优势，但是阿吉斯仍然想在开战前与阿尔戈斯人进行谈判。随后，他莫名其妙地决定返回斯巴达。不久之后，由亚西比德率领的雅典增援部队抵达战场，他责备阿尔戈斯人拒绝战斗。为了证明自己出征伯罗奔尼撒半岛的正当性，并为其愤怒找一个发泄口，亚西比德随后率军入侵了奥尔霍迈诺斯。阿吉斯国王临战前的荒诞举措，一回来就受到了斯巴达监察官（地方法官）的制裁。由此，国王的软弱和雅典的傲慢使得斯巴达主战派的势力进一步加强。

曼提尼亚之战

长期以来斯巴达一直认为泰吉是最具战略意义的据点。泰吉位于伯罗奔尼撒半岛的中心位置，这意味着控制这个地势陡峭的城邦就能确保通往东部科林斯地峡和西部美塞尼亚通畅，顺服的黑劳士正是在那些地区的田野和农场为斯巴达劳作。泰吉还是连接斯巴达及其盟邦的交通要道。因此，斯巴达必须维持对这片地区的控制，才能避免被军事孤立和经济扼杀。

鉴于斯巴达国王阿吉斯的优柔寡断和阿尔戈斯人的果敢，大多数泰吉人支持与阿尔戈斯结盟。公元前 418 年 8 月底，可能遭泰吉背弃的消息传到了斯巴达，阿吉斯国王不得不迅速做出反应，希望能洗清自己懦弱的名声。斯巴达的盟邦再次响应号召，伯罗奔尼撒联盟的所有军队在泰吉以北 18 公里的曼提尼亚平原上会合。而阿尔戈斯联盟召集了大约 8000 名重装步兵，其中包括一支从雅典抵达的特遣队，准备迎战由 9000 多名战士组成的斯巴达阵营。如果说阿尔戈斯联盟的士兵并排组成了 1 公里长的阵形，那么伯罗奔尼撒战士们组成的阵形则还要长出 100 米。

曼提尼亚之战，双方势均力敌，因此战斗也异常血腥。起初，尽管斯巴达兵力占优势，但阿吉斯国王的优柔寡断使得优势尽丧，以致有两名军官认为国王无能，拒不服从他的命令。斯巴达右翼包抄了阿尔戈斯的左翼，但斯巴达人却没有注意到自己左翼的涅奥达摩德斯人（neodamodes，获得自由的黑劳士）和阿卡狄亚人已被孤立，而这对战斗的结果至关重要。曼提尼亚人的部队几乎全军覆没。 而雅典人和阿尔戈斯的千人军团（精锐部队）几乎毫发无伤地逃了出来。于是，阿吉斯国王下令追杀这个著名的军团，但他的顾问、斯巴达人法拉克斯（Pharax）向国王解释，让千人军团的人逃走是件好事，因为他们是阿尔戈斯的贵族，原本就对民主制怀有敌意，倾向于与斯巴达结盟。然而，最令人深思的是，战斗结束后不久，来自爱利斯的 3000 名重装步兵和雅典派出的 1000 名重装步兵才姗姗来迟抵达战场。如果他们能及时到达，胜负的天平很可能会倒向阿尔戈斯联盟。

曼提尼亚之战的胜利对于斯巴达的影响是巨大的。泰吉仍在斯巴达人的掌控中，从而避免了斯巴达在地理位置上被隔绝。此外，斯法克特里亚岛失利以及近期军队

曼提尼亚之战：斯巴达的伟大胜利

曼提尼亚战役的对阵双方是阿尔戈斯联盟与伯罗奔尼撒联盟。经过几天的调整之后，两军在阿卡狄亚城南的平原上开战。

❶ 在阿尔戈斯联盟中，守卫本邦领土的曼提尼亚人负责关键的右翼。阿尔戈斯重装步兵占据中部，雅典人则位于左翼。斯基洛斯和泰吉的阿卡狄亚人决定援助斯巴达。开战之初，曼提尼亚人和阿尔戈斯千人军团（精锐部队）在伯罗奔尼撒军队的左翼打开了一个缺口，将斯基洛斯人和涅奥达摩德斯人（被释放的黑劳士）逼入绝境。❷ 阿吉斯命令右翼部队去填补阵线缺口，但指挥官没有理会他。曼提尼亚人和阿尔戈斯千人军团趁机占据了战场的中心位置。而斯巴达人则继续向正对面的敌人施压，击溃了除千人军团之外的阿尔戈斯人和雅典人。伯罗奔尼撒联军位于左翼的两支军队军纪涣散，与之相比，斯巴达人则纪律严明，他们设法重建阵形，并最终获得了胜利。

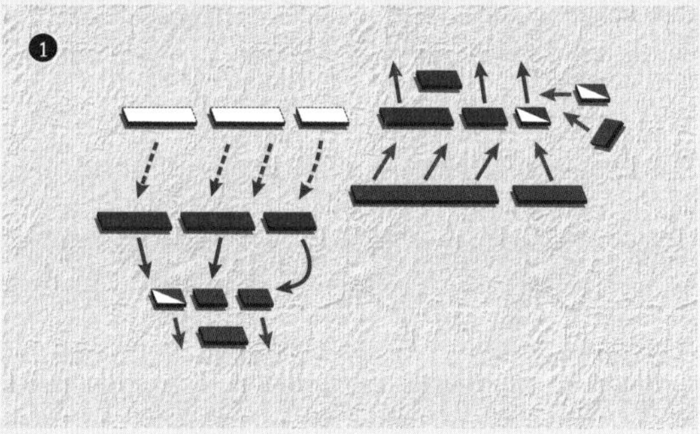

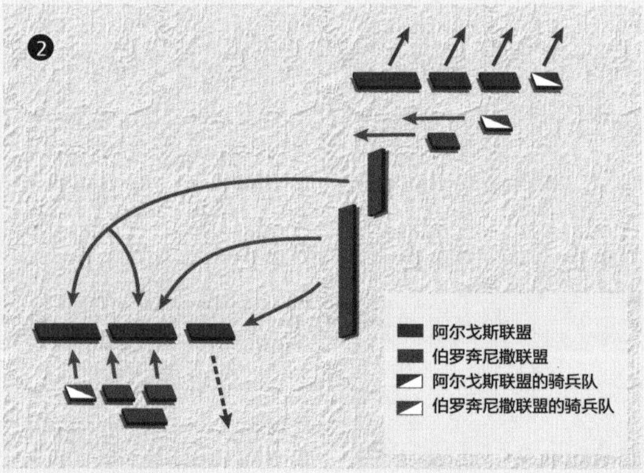

内部动摇造成的士气低落，也因此役获胜受到了鼓舞。曼提尼亚之战的主要后果是斯巴达和寡头派夺回了有利局面。希腊几个地区想要推行民主制的趋势得到遏制，而伯罗奔尼撒同盟的合法性由此得到加强。阿尔戈斯人很快就与斯巴达签署了一项协议，放弃了与雅典、爱利斯和曼提尼亚缔结的条约，结束了刚建立不久的阿尔戈斯联盟。

设想伯罗奔尼撒军队在曼提尼亚被击败会发生什么，这会很有趣。也许我们所熟知的斯巴达历史将会终结，因为随着斯巴达几十年来的不断扩军，城邦已经陷入人口锐减的困局。民主制可能会在希腊大陆的许多城邦扎根，寡头政治很可能会成为少数政权。或许伯罗奔尼撒战争在曼提尼亚之战后就结束了，从而避免了《尼西亚斯和约》被撕毁后造成战争后半程数以万计不必要的死亡。

终结虚妄的和平

这可能看起来很奇怪，雅典和斯巴达仍继续遵守和约。事实上，双方都没有入侵对方的领地。因此，至少在形式上没有违反和约中的条款。不过很明显，《尼西亚斯和约》已经名存实亡：双方确实背离当时签订和约的初衷了。两个阵营内部的主战派势力不断上升，而支持彻底停止敌对行动的主和派却节节败退。公元前 416 年春天，雅典决定入侵米洛斯岛：它是基克拉泽斯群岛中唯一一个不属于提洛同盟的岛屿。米洛斯是几个世纪前由斯巴达人建立，由于岛上的居民大多有多利安血统，他们努力保持自身的独立性。然而，雅典认为，米洛斯人受益于爱琴海中部岛屿的保护，但拒绝向同盟缴纳盟金，这是不可接受的。因此，提洛同盟派出 3000 名重装步兵和 38 艘战船前往米洛斯岛。岛上的居民在围攻下饥渴难耐，最终只能投降。雅典公民大会决定判处所有男子死刑，并将他们的妻子和孩子沦为奴隶。

公元前 416—前 415 年的冬天，雅典收到西西里的援助请求。而这一请求将改变战争的进程。事端源自西西里的两个城邦：埃格斯塔（Égeste）和莱昂提尼（Léontinoi）。当地的伊利米人和爱奥尼亚人深切感受到以多利安人为主的塞利农特（Sélinonte）和锡拉库萨的威胁。经过几次激烈的辩论，雅典公民大会决定派出

比雷埃夫斯：雅典的海港

公元前493年，特米斯托克利（Thémistocle）下令建造比雷埃夫斯的新港口，当时仍然在使用没有任何防御工事的法勒鲁姆（Phaleron）海港。而比雷埃夫斯由于其随后兴建的防御工事以及与长墙连接，成为一个坚不可摧的军事基地和安全的商业港口，极大促进了雅典的货物流通。

港口和贸易税

提洛同盟的港口贸易为公共财政带来了丰厚的收入。商人必须缴纳税款，通常是运输货物价值的2%。右图：墓碑上雕刻了一艘来自土耳其锡诺普（Sinop）的船只，现藏于伊斯坦布尔考古博物馆（Musée archéologique, Istanbul）。

① **商船** 靠岸的船只必须尽可能快地装卸货物，有时船只不得不在港湾内抛锚等待靠岸。

② **柱廊和货栈** 此处是卸货点。水手和商人可在柱廊下躲避高温。后面的货栈用来存放食品。

③ **掩蔽所** 冬季天气恶劣会导致航线中断，370个掩蔽所可以保护货棚免受极端天气的影响。

④ **神庙和宗教活动** 比雷埃夫斯港口和市内拥有许多供奉地中海沿岸主要神灵的神庙和圣所。

⑤ **长墙** 港口要塞的城门与长墙相连。沿着长墙穿过一片沼泽地便可抵达雅典。由此确保了雅典的供给。

135 艘桨战船和多艘船只运送 5000 名重装步兵和 1300 名轻步兵，加之马匹、食物、补给品和辎重。这是一支庞大的军队，因为西西里对雅典人来说是一个遥远而未知的岛屿。三个因素促成了这次出征：首先，西西里是一个资源丰富的岛屿，控制西西里可充盈国库，并可确保谷物供给。其次，雅典必须阻止科林斯的殖民地锡拉库萨企图控制整个岛屿的野心，否则伯罗奔尼撒同盟将会占得先机。最后，由于埃格斯塔提前支付了 60 塔兰的银子，雅典人随即宣称这场战役不会造成太大的破坏。

公民大会决定任命亚西比德将军、尼西亚斯将军和拉马乔斯（Lamachos）将军为远征队的统帅。根据修昔底德的说法，亚西比德是主要推动者，他希望“增加他的个人财富和声誉”。至于尼西亚斯，尽管他反对出征，但还是因其声望而被选中。事实上，他确信，即使是军力远胜雅典的迦太基也没能成功入侵西西里，不应忘记伯里克利曾强调，在战时绝不要试图扩大帝国边界。因此，面对鲁莽的亚西比德和谨慎的尼西亚斯，拉马乔斯将军将不得不消除在战场上可能出现的分歧，并试图缓和两者之间的冲突。

在伯罗奔尼撒战争期间，民主制特有的决策过程很明显并不适用于战时。公民大会是主管主权事务、内政和外交的机构，也包括与战争有关的事务。但由于五百人委员会（Boulè）必须起草立法项目（probouleumata）以便公民大会进行投票决议，因此所需的时间有时会过长。此外，辩论在雅典卫城附近的普尼克斯山丘进行，那里有一个直径 120 米的半圆形平台，因此，在众多参加会议的民众中（大约 6400 人），不可避免地会有人伺机将相关的机密信息传递给敌人。

除了上述两个不利条件之外，雅典公民大会决定出征西西里，这对民主制度的威信造成了致命的打击。西西里远征的失败证明了投票过于仓促且不合理。许多人都明白将这些重要事务交给全体公民存在着巨大风险，因为民众在危急情况下通常显得过于善变。

在《亚西比德传》中，普鲁塔克讲述了这样一个片段。有一天，这位年轻的将军对前往雅典进行和平谈判的斯巴达大使说：“斯巴达人，你们怎么啦？你们怎么能忘记？委员会对于出席公民大会的使节总是表现得谦恭友好，只是雅典民众却非

脆弱的联盟和远征西西里

在远征西西里之前的几十年间，雅典就已经对西地中海表现出浓厚的兴趣。公元前 443 年，为了确保通往意大利的航线安全，雅典建立了殖民地图里奥伊，并与克基拉结盟，这些举措都证明了雅典对于这片区域的重视。然而，正如修昔底德所说，远征西西里是一个傲慢的帝国做出的疯狂行径。

远征西西里至少从表面上来看是应莱昂提尼和埃格斯塔的请求。这两座城邦与雅典签订了互助条约，签署军事协议基本上是为了“拥有相同的朋友和敌人”。莱昂提尼的公民以爱奥尼亚人为主，而埃格斯塔主要是伊利米人，伊利米人是西西里的土著人，他们吸收了希腊文化的某些特征。为了取悦雅典，使这座城邦更加希腊化，埃格斯塔想建立一座雅典娜神庙。然而，塞利农特和锡拉库萨发动了针对埃格斯塔的战争，神庙的建设工程不得已中断。埃格斯特随后向雅典寻求帮助，以对抗这两个以多里安人为主的敌对城市。

插图 右图是陶尔米纳剧院，这座城市位于西西里岛东海岸，由希腊人于公元前8世纪建立；左图是带有航海图案的陶罐，制作于公元前5世纪，上面绘有《奥德赛》中关于美人鱼的情节，现藏于伦敦大英博物馆。

常骄傲，渴望伟大的成就。”越来越多的雅典人有这样的想法，寡头派和贵族知道如何利用这种趋势，公开宣称，许多决定必须由经验丰富的人经过深思熟虑才能做出。

根据公民大会的决议，远征军将从比雷埃夫斯港出征西西里，然而就在出发前的几天、公元前 415 年 6 月的一个早晨，雅典人发现城市各处的赫耳墨斯石像的面部都遭到了破坏，石像上的阴茎也被损坏（赫耳墨斯石像呈方形石柱状，顶部装饰有神像，通常是赫耳墨斯，被放置在房屋和寺庙的门前）。这种大规模的神明被亵渎，不仅在民众中引发了广泛的恐慌，也为西西里战役带来了不祥之兆。人们将这一罪行归咎于亚西比德，他尽管已经离开，却被勒令回雅典接受

审判。至今仍不知是谁损坏了这些石像，而对亚西比德的指控可能是错误的。一些人认为，罪魁祸首是科林斯人，因为作为锡拉库萨的盟邦，他们试图借机推迟出征西西里，并暗示众神也不赞成此次远征。至于修昔底德，他提及了一些谣传，声称这是寡头派或专制派意图推翻民主制的阴谋。尽管如此，此次事件还是对亚西比德造成了沉重的打击，使得雅典的政局陷入困境，这无疑将有损提洛同盟。

远征西西里和雅典的溃退

雅典舰队在西西里岛东海岸的莱昂提尼附近停泊并安营扎寨，不久之后，一艘来自雅典的桨战船抵达，下令召回亚

亚西比德：为所有阵营效力的伟大政治家

亚西比德是一个极其复杂的历史人物，也是一个了不起的人，对于其人生和政治态度的善变有很多的解释。因赫耳墨斯石像被亵渎，雅典下令召回亚西比德受审，这是一场看似不公平的审判，这位才华横溢的演说家不甘心束手就擒，于是开始了一段既混乱又迷人的旅程。赫耳墨斯石像事件使亚西比德无法继续统率西西里远征，原本他可能给此次出征带来不一样的结果。

尽管亚西比德的为人处世首先是出于自身利益的考量，但他每次为统治者效力时，所提出的建议往往一语中的。他鼓动斯巴达人在西西里作战，然后率军占领了阿提卡的德西利亚要塞；就如何处理与希腊之间的关系，他为波斯总督提萨弗尼斯（Tissapherne）出谋划策，建议最大限度地利用两个敌对阵营之间的冲突。后来，在推翻四百人委员会（Conseil des Quatre-Cents）寡头政权，以及率领雅典在小亚细亚取得的数次胜利中，他的军事才智又尽显无遗。在羊河之役前，亚西比德建议雅典人从阿哥斯伯塔米（Aigos Potamos）撤军，但他的同胞无视这位思想开明的杰出军事家的建议。

插图　罗马时期亚西比德半身像的复制品，现藏于罗马梵蒂冈博物馆（Musée du Vatican, Rome）。

西比德。亚西比德将不得不在一个威胁要判处他死刑的陪审团面前为自己辩护。他的名字已被刻在雅典卫城竖立的耻辱碑上，他的财产也被没收了。面对这种情况，这位将军决定逃跑。根据普鲁塔克的说法，当亚西比德得知雅典人下令处决他时，他说："好吧，我会让他们知道我还活着。"

因此，雅典远征队实际处于尼西亚斯的控制下。尼西亚斯十分富有，而拉马乔斯却很贫穷，财富对于两人的社会声望和军事指挥能力都会产生影响。因亚

西比德逃亡而无所事事的雅典士兵意识到，在尼西亚斯的指挥下，战斗可能会被延后。

公元前415—前414年的冬天，尼西亚斯下令在锡拉库萨附近建造一排大型栅栏。当雅典人在为围城做准备时，锡拉库萨和雅典已多次交战，锡拉库萨骑兵在对阵过程中表现出众，而雅典方面则缺少马匹和骑手。更糟糕的是，此时的尼西亚斯得了肾病，痛苦万分，却不得不独自指挥作战。

亚西比德逃往阿尔戈斯，那里有许多朋友为他提

西西里骑兵队

在希腊古典时代，对于居住在西西里岛上的希腊人（les Siceliotes）而言，骑兵团是必不可少的。雅典人的溃败应归功于西西里骑兵队。

插图 残缺的骑兵雕像，创作于公元前6—前5世纪的锡拉库萨。现藏于锡拉库萨考古博物馆（Musée archéologique, Syracuse）。

锡拉库萨和西西里岛战争的重要战役

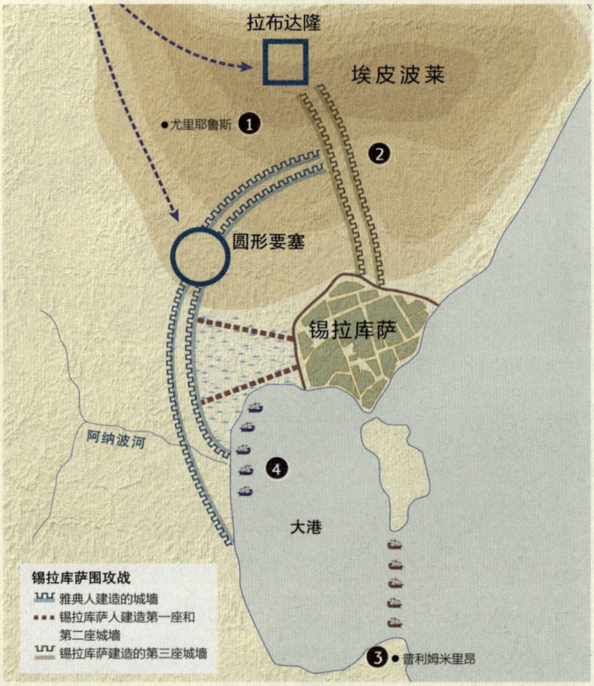

公元前 414 年春天，雅典军队围攻锡拉库萨。雅典人为此切断了锡拉库萨的陆路和海陆连接。雅典修建了一道长长的城墙，横穿埃皮波莱高地（Épipoles）。然而，雅典参谋部成为这场战役最致命的弱点。

❶ **公元前414年春天** 雅典军队击溃了600名锡拉库萨重装步兵，并占领了通往埃皮波莱高地的重要通道尤里耶鲁斯（Euryale）。雅典军队封锁了所有进入港口的通道。

❷ **公元前 414 年夏天** 在斯巴达将军吉利博斯的率领下，锡拉库萨人建造了一堵城墙，以此来抵御敌人在埃皮波莱高地的防御工事，并最终击溃了雅典军队。

❸ **公元前413年春天** 锡拉库萨人在港口的海战中战败，但在陆路方面占领了雅典的普利姆米里昂要塞。

❹ **公元前413年夏天** 雅典舰队被锡拉库萨人在海底钉下的木桩封锁在大港（Grand port），尽管数量上占优，但最终还是被击败了。随后，从陆路逃跑的4万名雅典人及其盟军遭遇了一场大屠杀。

供庇护。随后，他派遣信使前往斯巴达，表示愿意为斯巴达效力以换取赦免。斯巴达人同意了。亚西比德抵达斯巴达后，向他们讲述了雅典人的野心，以及他们远征西西里可能产生的影响，以此说服他们向该岛派遣军队。在斯巴达待了几天之后，亚西比德已经赢得了所有公民的青睐，普鲁塔克写道："亚西比德以拉科尼亚的生活方式征服了斯巴达人。以至于当看到亚西比德剪了短发，洗冷水澡，吃斯巴达面包和黑汤，斯巴达人简直不敢相信自己的眼睛，他们想知道亚西比德家里是不是有厨师，他是不是使用了香水或穿了短披风（有褶皱的外套）；这就是亚西比德征服他人的众多方式之一：模仿和适应不同的风俗和生活方式，他就像一条变色龙。"他确实称得上变色龙，这种多变的适应能力，再加上他在必要时展现的迷人魅力，使他顺利地融入了斯巴达，并且影响了伯罗奔尼撒战争中的许多主要城邦，尤其是雅典、阿尔戈斯、斯巴达、波斯、色雷斯和弗里吉亚。亚西比德不仅改变了立场，甚至还去了好多那些曾经与他敌对的城邦。

斯巴达在亚西比德的建议下派出的舰队起初数量并不多。然而，公元前414年春天，斯巴达将军吉利博斯（Gylippos）抵达西西里后，得到了希腊城邦希梅拉（Himère）、塞利农特和杰拉（Gela）的支持。西西里岛的原住民之一西库尔人（les Sicules）也决定向伯罗奔尼撒人伸出援手，他们相信庞大的雅典军队旨在统治整个西西里岛。因此，当吉利博斯抵达锡拉库萨时，他率领的军队规模已扩充至3000名步兵和200名骑兵。

由于无法完成对锡拉库萨的围攻，雅典人不得不停止建造栅栏，退至海湾以南的普利姆米里昂（Plemmyrion）营地。尼西亚斯反对此次远征，他认为最好是离开西西里，但他知道，已经付出了那么多，雅典公民大会绝不会准许撤退。甚至他只要提议撤军，就会永远遭人唾弃。事实上，雅典公民大会讨论了目前军队面临的棘手情况，决定任命德摩斯梯尼和欧里梅顿（Eurymédon）将军与尼西亚斯共同指挥，并增派兵力和船只。之所以增兵是因为撤军对国家威望的打击太大，但这个决定对雅典来说将会是致命的。

雅典还决定再次进攻斯巴达海岸，这项决议违反了公元前421年签订的和约，至此，《尼西亚斯和约》被彻底撕毁。因此，从公元前413年的春天开始，斯巴达

天堂般的拉托米亚（Latomie）

希腊人建造城市所需的建筑材料都来自锡拉库萨希腊剧场旁的石灰石采石场。这个采石场还成了监狱。正如修昔底德在其著作中所述（第七卷，第86—87页），西西里远征军的7000多名雅典囚犯在那里结束了余生。

国王阿吉斯恢复了对阿提卡的季节性入侵。他还下令在与波奥提亚接壤的雅典领地德西利亚（Décélie）建立永久性防御工事。像皮洛斯一样，德西利亚要塞保护了大约20000名逃亡奴隶，其中许多人来自劳里昂银矿，雅典的财政因此受到巨大的损失。

而此时西西里的战况正在逐渐恶化。尽管雅典军队得到了增援，但斯巴达获得了底比斯、科林斯、斯基昂（Sicyone）和阿卡狄亚的支持，吉利博斯的军队进一步得以壮大，这还没有加上新近抵达的600名黑劳士和涅奥达摩德斯人（因服兵役而获释的黑劳士）。对于雅典而言，局势不容乐观，惨败已在所难免。公元前413年，在一些小规模冲突之后，两军在埃皮波莱高地（Épipoles）进行了一场关键的战斗。这是锡拉库萨附近的一座山丘，事实证明，控制这个制高点对占领这座城市具有决定性意义。德摩斯梯尼鲁莽冒失，而吉利博斯精于攻略，结局不言而喻，最终 2500 名雅典士兵阵亡。剩余的部队返回了普利姆米里昂，而营地糟糕的卫生状况又让大批士兵死于疟疾和痢疾。

不久之后，在锡拉库萨港附近发生了大规模的海战。伯罗奔尼撒的盟友也凭借出色的战略赢得了胜利。在战斗中，当怠惰的雅典人明白失败是不可避免时，他们将船只弃在海滩上。他们不顾阵亡将士，只拼命寻找安全的避难场所。但最糟糕的情况还是发生了，大约 20000 名雅典幸存士兵分为两队，由尼西亚斯和德摩斯梯尼带领逃离普利姆米里昂。他们留下了伤员，放弃了营地，前往西西里岛东南部，试图寻找可以接收他们的城市。然而，他们没能走远，斯巴达和锡拉库萨的军队正在追捕他们。8 天后，可怜的雅典士兵饥渴难耐，最终被抓获，并被毫不留情地屠杀。其中大部分是被带到锡拉库萨附近的采石场结束余生的，只有 7000 人幸免于难。修昔底德在谈到西西里远征时说，这是“战争期间进行的最伟大的一场战役，甚至是希腊历史上所有已知战役中最伟大的。对于胜利者而言，这是终极荣耀的时刻，而对于失败者而言，这是一次真正的衰败”。（修昔底德，第七卷，第 87 页）

凯旋的斯巴达人

斯巴达人赢得了伯罗奔尼撒战争，但是希腊人之间的冲突并没有因此而终止，面对这个庞大的帝国，斯巴达人束手无策。本页插图：阿贾克斯（Ajax）扛着战死的荷马英雄阿喀琉斯（Achille）的遗体，公元前6世纪制作的弗朗索瓦瓶（vase François），现藏于佛罗伦萨考古博物馆（Musée archeologique, Florence）。

插图（右侧）公元前5世纪的雅典钱币，现藏于卡尔斯鲁厄巴登州博物馆（Badisches Landesmuseum Karlsruhe）。

斯巴达的胜利

雅典很快从远征西西里的惨败中恢复过来，伯罗奔尼撒战争因此又持续了 9 年。为了借助波斯人的资金征服爱奥尼亚城邦并控制赫勒斯滂海峡，斯巴达决定将战场转移到小亚细亚海岸。斯巴达将军莱山德极具军事天赋，而雅典军队指挥混乱，双方曾经的均势由此打破。

公元前 413 年，西西里远征失败后，雅典的局势一片混乱。自开战以来，这座城市已经失去了一半以上的士兵和桡手，只剩下几百艘船，而且国库空虚。斯巴达在德西利亚要塞的驻军阻碍了生产活动，造成了大量奴隶逃亡。与此同时，底比斯人肆无忌惮地袭击了阿提卡的农场。

士气低落的雅典公民不得不面对权力真空的局面：拉马乔斯、尼西亚斯、欧里梅顿或杰出的德摩斯梯尼，这些雅典引以为傲的将军都在西西里远征中阵亡，而难

伯罗奔尼撒战争的第二阶段

公元前418年

曼提尼亚之战 在一场势均力敌异常残酷的战役中，斯巴达战胜了雅典和阿尔戈斯盟军。

公元前415—前413年

西西里远征 雅典人的傲慢和战术失误使得其原有的计划最终成了一场灾难。

公元前413年

德西利亚要塞 斯巴达人在阿提卡的德西利亚修筑要塞，并以此为基地接二连三地发动入侵，进行掠夺。

公元前412年

斯巴达和波斯同盟 莱山德和居鲁士王子签订协议，双方由此缔结盟约。

公元前410年

基齐库斯之战 此次海战的胜利使得雅典暂时夺回了希腊的控制权。

公元前406年

阿吉纽西海战 雅典人取得了此役的胜利，但是仅一年之后雅典舰队便在阿哥斯波塔米被彻底击溃。

公元前404年

雅典战败 雅典被围，军力财力尽失，最终只能投降，斯巴达成为最终的获胜者。

以捉摸的亚西比德仍在逃亡中。为了填补雅典的权力空缺，成立了一个由 10 名贤哲长者组成的委员会，负责管理城邦和改革机构。该委员会的成员之一是 80 多岁的索福克勒斯（Sophocle），伟大的悲剧诗人，提洛同盟的前将军和财务主管。

就在雅典自顾不暇时，帝国的寡头派趁机扩张势力。埃维亚、俄希斯、列斯堡、罗德斯、米利都和以弗所等地相继发生起义。即使这些城市的寡头派相互勾结，但事实证明，没有斯巴达及其盟友的帮助，这些叛乱难成气候。然而，此刻的斯巴达舰队正忙于在塞利农特和锡拉库萨的支持下巩固自己

在西西里的势力，因此，雅典对爱奥尼亚人的控制暂时难以撼动。此外，公元前 409 年夏天，迦太基不时入侵斯巴达，斯巴达对此有所忌惮，只派遣了 25 艘船作为支援。

东爱琴海的雅典盟友会援助雅典重建军队，因此斯巴达彻底击败雅典的唯一方法就是夺取这些雅典盟邦的控制权。对于雅典而言，拥有一支强大的舰队至关重要，而伯罗奔尼撒联盟则不然。因此，斯巴达比以往任何时候都更有必要与波斯人进行谈判，以确保双方的军事合作或经济支持。

萨迪斯：吕底亚的旧都城

公元前 546 年，波斯人占领了萨迪斯，并于公元前 499 年在爱奥尼亚起义期间烧毁了这座城市。萨迪斯对于伯罗奔尼撒战争的终结起到了关键作用，因为居鲁士王子正是在此地和斯巴达人缔结盟约的。

插图 希腊化时期萨迪斯卫城的阿尔忒弥斯神庙。

亚西比德的回归

与此同时，亚西比德在斯巴达的处境变得岌岌可危。阿吉斯国王得知有人看到亚西比德出入泰米娅王后（la reine Timée）的住所。对于亚西比德来说，挽救他生命的唯一方法是为斯巴达赢取一场大胜，从而使自己得到赦免。正在此时，东爱琴海地区发生了寡头叛乱。亚西比德说服斯巴达的监察官派遣舰队前往希俄斯岛，他认为岛上的爱奥尼亚波斯总督提萨弗尼斯会支持斯巴达发动寡头叛乱。随后，亚西比德又声称，他在小亚细亚有许多身居要职的朋友，会支持他。因此，他可以说服许多雅典盟邦叛离提洛同盟。

斯巴达派往希俄斯的舰队帮助当地的寡头派夺取了政权。小亚细亚的其他城邦也纷纷效仿，例如埃利特莱、克拉佐门奈（Clazomènes）和米利都，伯罗奔尼撒舰队最终在这些城邦建立了军事基地。米利都脱离提洛同盟促使波斯人与斯巴达签署了互助条约，以对抗雅典。亚西比德的游说对于达成协议至关重要，同时也向雅典传达了他“没有死”的信息。

然而，双方的合作是短暂的。几个月过去了，总督提萨弗尼斯没有按照约定向斯巴达水手支付报酬。他每次都承诺，波斯人会派遣强大的腓尼基舰队介入战局，但承诺却从未兑现。与此同时，雅典及其盟友利用敌人的怠惰，在萨摩斯岛上组建了一支由100艘桨战船组成的舰队。在西西里溃败后不久便组织如此大规模的舰队，雅典为此投入巨大。

波斯人的出尔反尔在斯巴达掀起一股针对亚西比德的反对浪潮，而这正是国王阿吉斯主导的。随即斯巴达发布了针对这位前雅典将军的死刑令。但是当执行令到达米利都时，精明的亚西比德已逃往波斯。和之前一样，无论亚西比德去往哪里，人们总会张开双臂欢迎他。

在舒适的萨迪斯（Sardes）宫殿里，亚西比德成了提萨弗尼斯的私人顾问。事实上，这位不断逃亡者提供的关于雅典和斯巴达的军事和政治信息非常有价值。提萨弗尼斯十分赞赏亚西比德在爱奥尼亚海岸对希腊城邦进行的游说。这对于波斯而言非常重要，这意味着波斯可以利用亚西比德的关系网恢复对这些城邦的统治。

雅典革命

公元前 411 年，距离雅典人推翻暴政建立民主制仅一个世纪。但这座城邦所经历的不同背景对其独特的政治制度造成了猛烈的冲击。雅典缺乏强有力的领导人，贵族寡头的势力因此加强，特别是那些主张恢复贵族理想的人，崇尚旧时代的贵族制。寡头派的支持者声称，显然在战争时期，这座城邦需要的政府应该由精英、训练有素且受尊敬的人组成，他们无须理会公民大会的反复无常，应毫无困难地行使自己的权威。寡头派认为，国库空虚的雅典无力支付公职人员的薪水，建议减少公职人员，只保留一些无须薪酬的职位。他们还认为，国家事务应闭门审议，无须公民参与，这样便可引导城邦朝着正确的方向前进，并防止决议被敌人获取而失去实效。

不出所料，阴谋的主要支持者之一就是无处不在的亚西比德。亚西比德意识到，一旦他和提萨弗尼斯之间产生利益分歧，便是两人分道扬镳之时，因此他开始为返回希腊做准备。尽管斯巴达和雅典都想处死他，但亚西比德知道，紧张的政治气氛有利于推翻雅典的民主制度，只有更换政权他才有可能得到减刑。这位前雅典将军的决定首先与萨摩斯的雅典舰队首领以及岛上其他有影响力的人取得联系。亚西比德试图说服他们通知雅典他可能返回，并暗示自己得到了总督提萨弗尼斯的支持，而这对于国家的生存和战胜斯巴达至关重要。他声称，作为对这种支持的回报，波斯希望看到被寡头政治取代民主制，因为“这样做，波斯大帝会对他们更有信心”。而实际上，是亚西比德本人需要利用寡头派重回雅典。

修昔底德认为，“萨摩斯最杰出的雅典人想要摧毁民主制”（第八卷，第 47—48 页），因此，在他们的帮助下，亚西比德的消息在雅典引起了关注。寡头派的阴谋开始了。一群年轻贵族受命执行一系列暗杀激进民主人士的任务。暗杀行动一方面可以摆脱最麻烦的竞争对手，另一方面可以营造恐怖气氛，推翻现行体制。

公元前 411 年 6 月，一群挥舞匕首的寡头派成员打断了公民大会的会议，并宣布成立四百人委员会，这将成为雅典的唯一管理机构。为了安抚民众，一个秘书团被指派制定“五千人名单”的任务，这份名单由等于或高于重装步兵等级的人组

亚里士多德和希腊政治制度

亚里士多德（公元前 384—前 322 年）出生于卡尔基狄克的斯塔基拉，一生中曾两次长居雅典，他的研究极其细致，涵盖了生命的所有表现形式。他的论文清晰而准确，涉及动物学、心理学、物理学、形而上学、经济学、诗歌、逻辑学、修辞学和政治学，而且尤其注重宪法研究。

亚里士多德认为，任何政治制度都应基于法律面前人人平等（isonomie），这也是雅典人和斯巴达人政治优越感的来源。这位哲学家研究了不同形式的政府对集体利益和个人利益的影响。他在《政治学》（*La Politique*）一书中对各类政体进行了排名：最好的是君主制，其次是贵族制，最差的是民主制；每种政体都可能发生畸变，走向反面：君主制变为暴政，贵族制成为寡头政治，民主制则变得富有煽动性。与他的老师柏拉图不同的是，亚里士多德认为温和民主制是迄今为止最优的政体，例如公元前411年雅典五千人政府。事实上，民主“最能调和自由与平等：在民主政体中，公民没有义务服从任何人；或者，如果他服从，条件是之后会轮到他指挥。这个系统就是这样来调和自由与平等的”。

插图　公元1—2世纪，罗马时期的亚里士多德半身像，现藏于巴黎罗浮宫博物馆。

成。这意味着寡头统治只是一种特殊的和暂时的措施，在适当的时候它将让位于纳税民主制。任何可以付钱购买重装步兵装备或在骑兵中服役的人都可保留政治权利。许多曾为战争做出过贡献的桨战船桡手由于处于社会下层阶级而被排除在政治生活之外。

与此同时，在作为雅典舰队基地的萨摩斯岛上，险些建立起寡头统治，但由于雅典海军的介入，寡头派的计划失败了。雅典舰队的桡手都是雇工，因为以纳税为

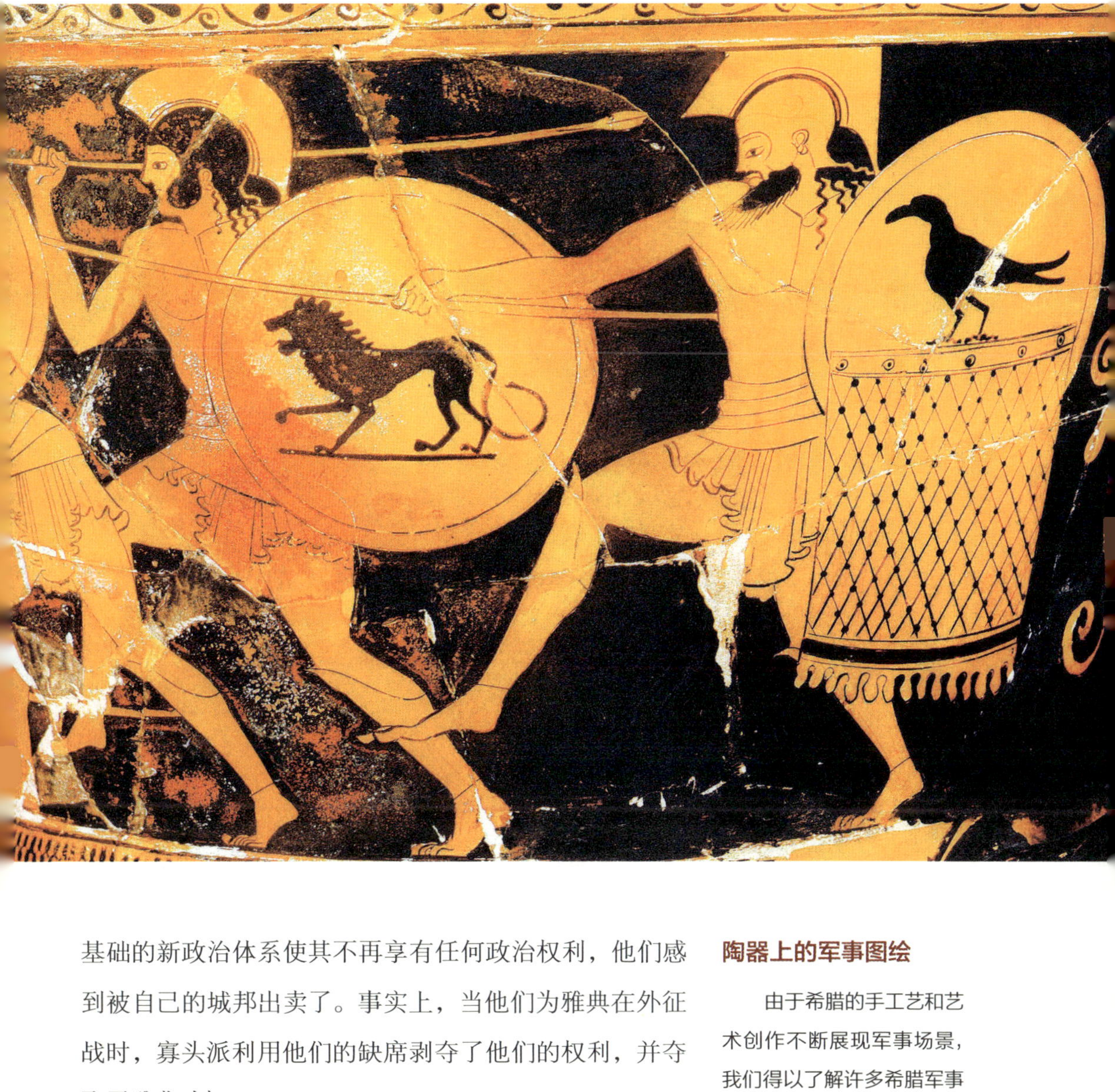

基础的新政治体系使其不再享有任何政治权利，他们感到被自己的城邦出卖了。事实上，当他们为雅典在外征战时，寡头派利用他们的缺席剥夺了他们的权利，并夺取了雅典政权。

那年夏天，一个威胁悬而未决：如果雅典舰队从萨摩斯返回，与雅典的寡头派对峙，这将在城邦引发一场真正的战争。与此同时，斯巴达利用雅典政局不稳入侵了埃维亚。这场战役吓坏了雅典人，因为这座邻近的岛

陶器上的军事图绘

由于希腊的手工艺和艺术创作不断展现军事场景，我们得以了解许多希腊军事的细节，古希腊人的生活确实与战争密切相关。

插图 公元前500—前490年左右制造的圣餐礼陶器，上面绘有雅典重装步兵（巴黎罗浮宫博物馆藏）。

三层桨战船的改进和海上攻击的新战术

在公元前 6 世纪，三层桨战船的演变意味着海战获胜取决于舰艏冲角的冲击力——舰艏冲角是安装在船艏的一件青铜兵器。舵手只有非常灵巧地掌舵，才能使用冲角攻击敌舰，从而破坏船体。希腊舰队由此发展了两种新的战术：包抄（perilous）和正面攻击（diekplous）。

❶ 包抄战术指从敌军战线侧翼包抄至敌军船艉侧进行攻击。这种战术是在波斯战争期间发展起来的，并在萨拉米斯海战（Salamine）中使用。为了适应这一战术，海军统帅可以拉长舰队战线，但如果船只之间有太宽的空隙，可能会遭受正面攻击。

❷ 正面突破指快速潜入敌方舰队，在其队伍中进行一次或多次突破，到达敌方后翼。然后转向掉头，将敌舰逼入绝境。这个战术需要整个舰队协调合作、快速响应并执行到位，才能使敌人措手不及。为了减少船只间的空隙以防止雅典舰队突破，斯巴达将军吉利博斯于公元前413年缩短了锡拉库萨三层桨战船的长度，使之更易于驾驶。他还加强了船只的冲撞力，即支撑船艏系艇杆的梁结构，使战船在正面冲撞船只时更具优势。

下页插图 皮特•康诺利绘制的模拟海战图。

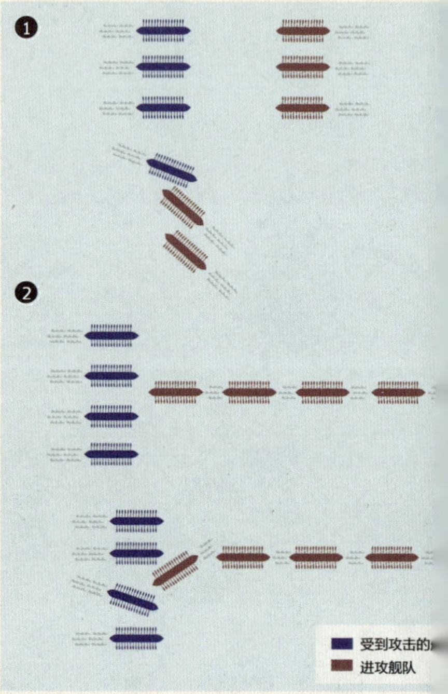

屿不仅是雅典的领土，也是他们唯一的粮仓。由于斯巴达舰长的犹豫不决，比雷埃夫斯幸免于难，雅典也逃过一劫；雅典的温和派也可能因此受到影响。

五千人政府于公元前 411 年 9 月上台。尽管唯一的参政者是收入达到最低门槛的重装步兵，但聚集在仪式大厅的公民再次代替四百人主持城邦的命运，五千人政府掌权了 10 个月，随后便彻底地回归了民主制。修昔底德认为五千人政府是“多数与少数之间的适度平衡”；他认为这个政府是雅典历史上最称职的政府。至于亚里

士多德 (Aristote)，他在《雅典宪法》中坚持认为，雅典的公民“当时似乎治理得很好，因为战争正在进行中，国家由携带武器的人统治”。然而，最终结果证明，剥夺那些能够使船舰向前行驶的人的政治权利是不明智的，至少在以海战为主的战争中是如此。

战火中的赫勒斯滂海峡

亚西比德没有告诉雅典人，他与波斯人有过交易，提萨弗尼斯要求雅典割让小亚细亚沿岸的希腊城邦以及

葬礼仪式和海仙女神庙

希腊社会具有极强的宗教意识，葬礼在其中发挥着重要的作用。他们认为，只有按照规定的仪式将尸体埋葬，灵魂才能到达冥府（Hadès），墓葬具有巨大的象征意义和精神价值。富有的家庭会用精美的雕塑装饰墓地，使之成为名副其实的露天博物馆。公元前4世纪，丧葬艺术在小亚细亚不断发展，直至登上建筑艺术的顶峰。海仙女神庙（Le temple des Nereides）是早期的丧葬建筑，而这种艺术表现形式的极致体现便是哈利卡纳索斯陵墓。

出征石碑 公元前4世纪的作品，表现了一位重装步兵在孩子面前向妻子伸出手，现藏于雅典国家考古博物馆。

神龛（naïskos）

神龛（naïskos）是神庙内殿（naos）的缩小版，以圣所的正面为参照，神龛内有一座大小不一的逝者雕像，一般采用大理石或陶器烧制而成。神龛一般位于墓地或神庙内。

下图　公元前4世纪的双耳爵，上面绘制了一个神龛。现藏于纽约大都会艺术博物馆（Metropolitan Museum of Art, New York）。

❶ 海仙女神庙　建于公元前400年，位于弗里吉亚地区的桑索斯城（Xanthos）。1842年神庙被迁往伦敦，在大英博物馆内重建。

❷ 神庙内殿　神庙内有一位弗里吉亚王子的墓室，研究人员尚未发现其身份。

❸ 三角楣　这组雕塑刻画了神庙供奉的王子，及其妻子和庄严的葬礼队伍。

❹ 爱奥尼亚柱　左柱上架着中楣，中楣上的浮雕着力表现逝者的军事功绩以及神话般的场景和日常生活。

❺ 柱间　石柱之间安置了雕像，雕像主题为骑在海豚上的海仙女。50位海仙女是拯救海难者的神灵。

❻ 石质墩座墙　高近6米，原本由三层平行的浮雕带组成，但最下层的浮雕带没能保存下来。

邻近的岛屿。但是，当这些见不得人的交易被曝光时，寡头派的行动进行得很顺利，大有不可阻挡之势，即使亚西比德向雅典保证波斯会帮助寡头派夺取政权的承诺是无效的。为了让政敌闭嘴，亚西比德声称已说服总督不要派遣腓尼基舰队支持斯巴达，这可能会终结战争。150 人的腓尼基桨战船驶向小亚细亚南部海岸，但提萨弗尼斯却赶去阻止舰队靠岸并命令他们返航。然而波斯人做出这个决定，并不是为了取悦亚西比德或雅典：而是希望看到希腊人自相残杀，他们由此便能不费吹灰之力从中获益。

就斯巴达而言，他们仍然需要波斯人的援助才能赢得战争。但他们明白从提萨弗尼斯那里得不到任何好处，于是便与小亚细亚北部地区的总督法纳巴祖斯（Pharnabaze）进行谈判。法纳巴祖斯同意资助斯巴达舰队以换取对方割让领土。公元前 411 年，伯罗奔尼撒的桨战船舰队驶往赫勒斯滂海峡。斯巴达人选择了米利西亚殖民地阿卑多斯（Abydos）作为港口基地，这里靠近法纳巴祖斯掌控的地区，并试图从那里入侵该地区的雅典盟邦。其最终目标是确保控制海峡，同时切断雅典的粮食进口。

不久之后，五千人政府颁布了一项法令，允许亚西比德返回雅典。然而，可能是担心会被告上法庭，亚西比德想再等 4 年，即至公元前 407 年夏天再返回。根据普鲁塔克的说法，“他认为两手空空地回归雅典，无法博取大众的同情和怜悯，不如凯旋”。因此，亚西比德决定暂时待在萨摩斯，他筹措了大量资金向雅典舰队示好。舰队军官随即任命亚西比德为指挥官，之后亚西比德便下令准备驶往赫勒斯滂，试图搅乱战局。战场因此转移到小亚细亚北部，从爱奥尼亚到赫勒斯滂。从那时起，直到战争结束，斯巴达和雅典将军着力集中在连接地中海和黑海的赫勒斯滂海峡，这是自青铜时代以来对整个希腊特别具有战略意义的地区。

在亚西比德回归后，五千人宪法（Constitution des Cinq Mille）生效，雅典舰队在阿卑多斯和基诺塞马（Cynosséma）与敌人展开海战，这两个城邦位于赫勒斯滂海峡中部地区。此外，双方还在普罗蓬提斯海（Propontide）或称马尔马拉海（mer de Marmara）南海岸的基齐库斯（Cyzique）爆发了冲突。公元前

雅典的战略：将军的兴衰

雅典的最终失败主要归咎于缺乏具有个人魅力的将军，从而导致战略计划不周（远征西西里岛的溃败就是明证）和致命的战术错误。

伯里克利务实而审慎，他捍卫雅典免受伯罗奔尼撒联盟的入侵，同时建议不要在战争期间扩大帝国的领土。然而，在他死后，不同的领导人使雅典的战略反复无常。克里昂极具侵略性，尼西亚斯过分谨慎，而亚西比德虽有勇但轻率。此外，海陆两军的将领纷纷下马。修昔底德因在安菲波利斯撤退而被判处流放。亚西比德在雅典城内的赫耳墨斯石像事件之后，不得不逃亡。拉马乔斯在西西里岛的第一次冲突中丧生。尼西亚斯病故。皮洛斯之战和斯法克特里亚岛之战的英雄——德摩斯梯尼在可悲的最后一次出征中阵亡。回归后的亚西比德再次遭受判决，因为他指派其私人舵手安条克在克勒芬港指挥舰队。不久之后，雅典以没有捞起士兵尸体以及罔顾在风暴中挣扎的水手为由，判处赢得阿吉纽西战役胜利的8位将军死刑。羊河战役的最终溃败，既因为部队纪律性差，将军无法制定行之有效的战术，也因为将军缺乏个人权威，部队毫无战术执行力。

插图 莱山德下令拆除雅典长墙。1832年，罗兰•魏本扎尔(Roland Weibezahl) 绘制的彩色粉笔石版画。

410 年春天，由于色拉西布洛斯（Thrasybule）将军和亚西比德将军出色的协同作战，雅典在基齐库斯战役中取得了胜利，此役对于雅典重掌海峡起到重大作用。在这三场交锋中，斯巴达一共损失了 150 艘桨战船，造成大量伤亡。尽管由于占领了德西利亚要塞，斯巴达继续向波斯筹措资金，并控制了阿提卡，但他们仍非常担心对手的反扑。正是出于这个原因，斯巴达无视与波斯人缔结的条约，向雅典提出了一项维持现状的和平条约。但是，雅典由于接连的胜利而士气高涨，拒绝了这一提议。

在基齐库斯大胜两个月后，雅典在一片和平的氛围下彻底恢复了民主政权。公民们很清楚，战争最关键的阶段已经结束，战略限制已经发挥了作用，因此是时候结束寡头政治，但无须对寡头派进行任何形式的镇压。

公元前 409 年春天，亚西比德和另外两名雅典将军利用拜占庭和查尔克顿（Chalcédonie）的一些叛逃公民，通过巧妙的战术占领了这两座当时仍在斯巴达掌控中的城邦。雅典在博斯普斯鲁海峡（Bosphore）重新占据上风，并巩固了战果。 亚西比德认为现在是时候回归雅典了。在离开 8 年之后，亚西比德受到了雅典人的热烈欢迎。

亚西比德率领曾击溃斯巴达人的舰队停靠在比雷埃夫斯港。他在甲板上展示了数百个被毁坏的敌人盾牌和敌军舰队的船艏像。公民大会和四百人委员会赦免了亚西比德的所有指控，并将财产归还给他。他们命令祭司撤销对亚西比德的诅咒，并将刻有他判决的石碑扔进海里。人民拥护他，他们认为亚西比德是唯一能够拯救这座城邦的人，公民大会宣布晋升他为最高司令官（strategós autokrátor），统领海军和陆军。当时，大多数雅典人认为，如果当时让亚西比德继续指挥军队，他们就不会在西西里岛失败并遭受那样的灾难。

对亚西比德的崇拜和信任使人们遗忘了他曾经犯下的错误和罪行。雅典人觉得他很有魅力，特别精明且坚定。这座城邦需要这样一位领袖，能够带领人民朝着正确的方向前进，尤其是在危机时刻。

联盟和衰落

公元前 407 年夏天，两个重要人物进行了历史性的会面：波斯王子居鲁士（Cyrus）和斯巴达将军莱山德，两个雄心勃勃的年轻人有着共同的目标。他们的合作对于终结伯罗奔尼撒战争至关重要。波斯国王大流士二世听从了王后的建议，废黜了总督提萨弗尼斯，取而代之的是他的小儿子居鲁士。波斯王子年仅 17 岁，就接管了爱奥尼亚、吕底亚、弗里吉亚和安纳托利亚。尽管居鲁士是次子，但他的最终目标是成为国王，因为他的母亲不喜欢长子阿尔塔薛西斯（Artaxerxès）。从这个角度来看，居鲁士之所以寻求与斯巴达人的合作，是希望

被削弱的雅典

随着伯罗奔尼撒战争的进行，雅典人发现越来越难以承受如此长时间的冲突所需付出的代价。正如斯巴达国王阿基达摩斯在战争第一阶段所说的那样，金钱将是一个决定性的因素。雅典在伯里克利时代的辉煌一去不复返。

插图 保存至今的雅典广场柱头；远景是赫菲斯托斯神庙（temple d'Héphaïstos），此座神庙竣工于漫长的伯罗奔尼撒战争开始前不久。

通过恢复波斯在该地区的影响力，从而开始他的政治晋升之路。

至于莱山德，他属于莫塔克斯阶层（mothax），即由斯巴达人和黑劳士所生的孩子，接受过良好的教育和系统的军事训练。尽管斯巴达在兵力上占优，但却在近期接连遭受失败，斯巴达比以往任何时候都更需要一位杰出的海军领袖。莱山德因此被监察官任命为斯巴达舰长。他率领一支庞大的舰队抵达以弗所，然后继续前往萨迪斯与居鲁士王子谈判。两人相谈甚欢。之后，斯巴达舰队有了更多的新船和更好的后勤支持，水手的薪水也大幅增加。最后一点让许多雅典桡手叛逃，换以获得雅典无力支付的高薪。至于那些留下来的桡手，按照普鲁塔克在《莱山德传》（*Vie de Lysandre*）中所述，"他们表现出闲散和不安，每天都给上级制造麻烦"。修昔底德在其著作中抄录了斯巴达国王阿基达摩斯的一段极具启发性的演讲。战争伊始，阿基达摩斯国王曾断言："与其说是武器，不如说是金钱，它使武器发挥效用。"（修昔底德，第二卷，第 11 页）20 年后，当波斯的援金确实成为左右战局的关键时，老国王的预言得到了验证。

至于亚西比德，他正在准备一项新的军事行动。公元前 407 年 10 月，他率领 100 艘桨战船、1500 名重装步兵和 150 名骑兵前往克勒芬（Colophon）的诺丁姆港（Notion），这里非常合适向以弗所发动进攻。他这次的目标是巩固雅典在小亚细亚的统治地位。

然而，那年冬天，亚西比德可能犯下了一生中最严重的错误：他和几个人一起前往被色拉西布洛斯包围的弗凯亚，他把舰队的指挥权交给了他的专属舵手，而不是交给一位将军，或至少一位桨战船舰长。虽然亚西比德正式下达过不出港的命令，但看到斯巴达的莱山德舰队靠近诺丁姆港时，这位轻率的舵手（根据普鲁塔克的说法是"愚蠢而自命不凡"）决定发动攻击。斯巴达人知道亚西比德不在，便想趁机拿下战斗，最终混乱的雅典舰队遭受了沉重的打击。

此役成为战争的转折点。随着诺丁姆之役战败，雅典水手普遍士气低落，逃往斯巴达营地的人数增加了。一名刚从萨摩斯岛回到雅典的军官对亚西比德提出了一系列指控，尤其是指控他贪污、酗酒和嫖妓，即使敌舰就在附近，也不例外。随着事态不断发酵，亚西比德的政敌提醒公民大会，亚西比德曾叛逃斯巴达和波斯，并重申一旦出于利益需要，亚西比德可能会再次背叛雅典。

这一连串的指控使雅典公民大会批准将亚西比德革职。亚西比德得知消息后，拒绝返回雅典，担心会面临大量的私人审判和公开指控。面对不容乐观的形势，亚西比德和一群雇佣兵逃往位于克森尼索（Chersonèse，加里波利半岛）的一个哨所。就像过去一样，亚西比德再次表明，无论形势如何，他总能领先一步。

公元前 406 年，雅典再次陷入危急。雅典此时只剩下不到 40 艘船了，桡手也集体叛逃至敌军。然而，雅典人鼓起勇气，再次重整旗鼓。他们拆除了卫城的黄金雕像，将之熔化铸币，建造了 60 艘桨战船，征召农民和奴隶为船员，并承诺给予他们自由。

阿吉纽西之战

在前往小亚细亚的途中，新雅典舰队由 8 名将军率领，另加 40 艘由盟邦援助的桨战船。舰队抵达相关海域后便开始搜寻伯罗奔尼撒舰队。双方在阿吉纽西群岛附近海峡发生冲突，该海峡位于列斯堡东北海岸与埃奥利德地区（Éolide）的中间地带。双方舰队排成 2 公里多长的战线。两军面对面交锋，西西里历史学家狄奥多罗斯（Diodore）认为，这是“希腊内战史上最声势浩大的一场海战”。

尽管雅典人在兵力上稍逊一筹，但阿吉纽西之战对斯巴达人来说成了一场灾难，他们失去了 115 艘桨战船中的 70 艘。 雅典舰队取得了辉煌的胜利，但之后发生的事情却使这场胜利黯然失色。雅典舰队虽然有 25 艘桨战船被毁，但仍有 12 艘幸存，分布在米提列涅海峡。就在斯巴达投降的那一刻，一场猛烈的风暴席卷而来，雅典人吓坏了，当即返回港口避难，没有营救在海里垂死挣扎的几千名同伴。

几天后，雅典公民大会传讯了阿吉纽西海战的几位将军。他们为自己所受的指控进行了辩解，声称是他们属下的军官违反了命令，但公民大会认为他们应对未能

阿吉纽西之战：惨痛的胜利

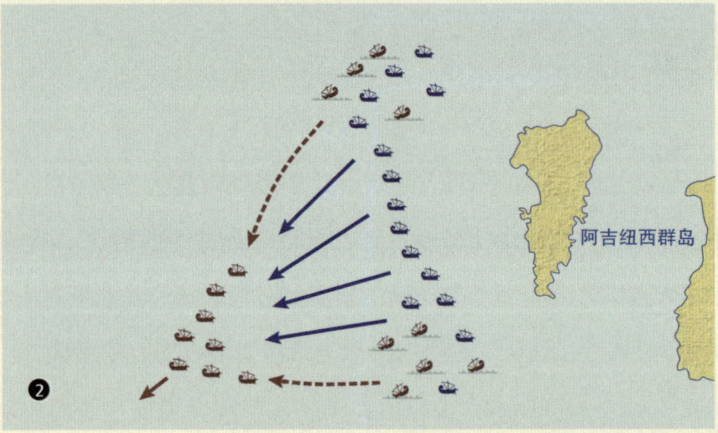

❶ 雅典盟军舰队的两翼各包括两排30艘战船。后方的三层桨战船占据了前方两艘舰艇留下的空间，以防止敌军采取正面突袭战术，而中部由35艘战船组成，后方则有一个岛屿，以防止敌军的包抄战术。

❷ 两军开战后，伯罗奔尼撒舰队分成两队。卡利克拉提达斯在冲锋右翼敌方战船时阵亡，致使其负责的右翼舰队情况变得越来越糟。而在左翼战场，双方一开始势均力敌，直至中部的雅典舰队介入，斯巴达人落荒而逃。然而，雅典舰队指挥官之间缺乏协调，加之由于海浪凶猛，无法在战后搜寻尸体和遇难者，从而使得这场胜利蒙上了阴影。

营救坠海的士兵负责。尽管主持这次会议的哲学家苏格拉底反对，但8位将军还是被判处了死刑。这场判决不仅使阿吉纽西之战的胜利黯然失色，雅典也因此失去了仅剩的几位能够指挥作战的将领。

战争的结局

每当双方势均力敌时，斯巴达便会求和，这次也不例外，但这将是最后一次。斯巴达承诺放弃德西利亚要塞，不侵犯对方领土。出于对斯巴达人的仇恨，雅典人拒绝了这个提议，因为他们有理由怀疑斯巴达人会利用停火期重整军队。

求和被拒后，斯巴达监察官想再次推举莱山德为舰队司令，但法律规定任何人不能担任海军统帅两次，因此莱山德被任命为海军副司令。斯巴达之所以为莱山德破例，是因为确实看重他在之前几次重要战役中展现出的军事才能，相信他能结束这场似乎看不到尽头的毁灭性战争。

莱山德一到达以弗所，便要求会见波斯王子居鲁士。居鲁士在萨迪斯王宫盛情款待了莱山德。与对前任舰队司令的粗野态度截然不同，居鲁士给了莱山德一大笔钱。莱山德也承诺彻底打破斯巴达之前实施的亲希腊政策，这显然符合居鲁士的利益。莱山德向居鲁士告辞后，便再次率领舰队奔赴赫勒斯滂海峡，袭击雅典的几个盟邦。莱山德占领了兰普萨库斯（Lampsaque），他打算从那里重新控制海峡。在阿吉纽西之战中，总督法纳巴祖斯援助得不够，而居鲁士王子和莱山德的合作更有成效。

公元前405年夏天，6名新上任的将军每天轮流指挥雅典舰队，在阿哥斯波塔米（羊河）的海滩边停泊，该地位于赫勒斯滂海峡中部地区靠欧洲一侧，就在兰普萨库斯的对面。雅典舰队看上去很强大，但实际上面临一个严重的问题：无法进行长期作战，必须速战速决，因为舰队一旦陷入困境，雅典人没有足够的资金来购买粮食和支付工资。因此，雅典迫切需要迫使莱山德投入战斗。

雅典舰队选择的驻扎地显然不合适：营地四周没有掩护，极易受到攻击，还需要前往距离阿哥斯波塔米20公里的塞斯图斯，才能获取食物和其他补给品。实际上，停泊在塞斯图斯港会更合理，但将军们拒绝了这个想法，因为考虑到赫勒斯滂海峡——自北向南，即从马尔马拉海到地中海——海面风急浪大，而斯巴达舰队一直停靠在兰普萨库斯，如果雅典人停泊在塞斯图斯港，那么在两军开战前雅典舰队的桡手就会精疲力竭。就在此时，亚西比德现身了，这也是战争期间他的最后一次露面。他从克尔松尼斯要塞骑马赶来，亲自与雅典将军交谈，并建议他们寻求几位色雷斯国王的援助，而亚西比德当时正在为这几位国王效力，并以此获取报酬。他还建议雅典舰队离开阿哥斯波塔米海滩。亚西比德坚持认为“最好向塞斯图斯港方向航行一段，以远离那些正在监视他们的斯巴达人，而这些斯巴达人仅听命于一人，他们出于恐惧对此人唯命是从”［普鲁塔克，《莱山德传》（Plutarque，*Vie de Lysandre*）］。

但亚西比德不过是雅典的弃子，他被傲慢地驱逐出雅典营地。然而，雅典舰队确实需要一位受人尊敬，且知道如何树立威望的将军，唯有这样才能拯救这些因气馁和混乱而不堪一击的水手。莱山德的舰队纪律严明且训练有素，他们按兵不动，这样更容易让雅典人掉以轻心。而斯巴达人正是利用了对方的疏忽，通过巧妙调度舰队，在阿哥斯波塔米海滩登陆，让敌人措手不及。惊慌失措的雅典人慌乱地逃往塞斯图斯，斯巴达人最终俘获击沉了100艘桨战船。

普鲁塔克在书中如此描述：“洗劫营地后，莱山德在胜利的笛声和歌声中驶向兰普萨库斯。他以最小的代价取得了伟大的功绩。这场一个小时内结束的战役彻底扭转了战争的局势，从而终结了史上最长、最曲折，且最不可思议的战争。这场战争经历了上千种战斗方式，战局发生多次变化，双方遭受的损失超过了之前所有希腊战争的损失之和，伯罗奔尼撒战争的结束要归功于一个人的足智多谋。”（普鲁塔克，《莱山德传》）

伯罗奔尼撒战争以唯一可能的方式——消灭其中一个交战方结束了。雅典舰队惨遭覆灭，由于国库空虚，雅典无法重整旗鼓。希腊世界立即意识到战争结束后，斯巴达将统治整个希腊。

雅典尽管投降，却还是无法避免遭到最后的屠杀：斯巴达及其盟友决定处决 3000 多名雅典囚犯，即 10% 至 20% 在阿哥斯波塔米海滩上俘虏的雅典人。这是一个可悲的决定，但完全符合过去 27 年的战争逻辑。

至于亚西比德，他死于公元前 404 年。他的命运似乎与他所在城市的命运息息相关。据传，亚西比德在小亚细亚中部的弗里吉亚某处隐居，和一位名叫提曼德（Timandre）的高级妓女过着平静的生活。但斯巴达统治者和雅典的寡头派都担心亚西比德会重登政治舞台，

战斗的悲惨结局

公元前 4 世纪的浮雕作品，它是一位在海战中阵亡、名叫德谟克利德斯的雅典重装步兵的墓碑。墓碑刻画了死者生前的一个场景，他坐在三层桨战船的船头，身边摆放着头盔和盾牌。这件作品传达了面对死亡的悲伤、家人的伤痛，以及由于无法找回尸体而无法举行葬礼的绝望，现藏于雅典国家考古博物馆。

雅典的溃败与亚西比德的结局

公元前 405 年，阿里斯托芬（Aristophane）在剧本《蛙》中如此评价亚西比德：一方面，“我们不能在这个城市喂养一只幼狮，如果真这么做了，就必须接受他的反复无常”；另一方面，“雅典渴望他、恨他，但也不能没有他”。

阿里斯托芬的这两句评价体现了亚西比德和雅典人之间的爱恨情仇。即使他的傲慢经常使他陷入信任危机，但没有人怀疑这个大胆、聪明、坚定的人所具有的才能，他几乎拥有雅典人追求的所有美德，尤其在西西里远征溃败后，他与多方势力周旋，展现了他非凡的军事和外交才能。雅典舰队在阿哥斯波塔米惨败（尽管亚西比德发出了警告，但当时的统帅置之不理），之后雅典长墙被迫拆除，胜利者认为，只有最勇敢的人才能彻底终结这场战争。于是，亚西比德便成为那个必死之人，当时这位曾经的雅典名将隐居在远离尘世的弗里吉亚，只有一名年轻女子陪伴。他被雇佣军奉命刺杀，死亡经历也成为一段传奇。

插图 《苏格拉底和亚西比德》（*Socrate et Alcibiade*），亨利克·西米拉兹基（Henryk Siemiradzki）于19世纪创作的油画。

只要最杰出的雅典人还活着，威胁便如影随形，因此，他们派人到总督法纳巴祖斯处寻求帮助。

法纳巴祖斯雇用了一群杀手，很快了结了亚西比德，这便是一代名将的悲惨结局。普鲁塔克详细描述了这个片段：派去刺杀亚西比德的杀手不敢进屋行刺，他们包围了屋子，然后放火烧了它。亚西比德发现着火后，把大部分衣服和毯子都扔进了火里。然后他将左手裹在上衣里，右手抓起一把刀，面无表情地冲出火场，衣服都着了火。众人见状，纷纷散开。没有人敢近身和他交战。他们只能后退，并试图用标枪和箭射伤他。最后，他倒

下了。杀手离开后，提曼德找到亚西比德的尸体，包好后，用他自己的长袍盖在上面，在当时的情况下，给了亚西比德一个极具震撼力且与其荣誉相称的葬礼。

斯巴达重装步兵

公元前6世纪制作的青铜雕像，来自多多纳（Dodone）的圣所。这座雕像表现了重装步兵的部分甲胄，以及斯巴达人特有的胡须。

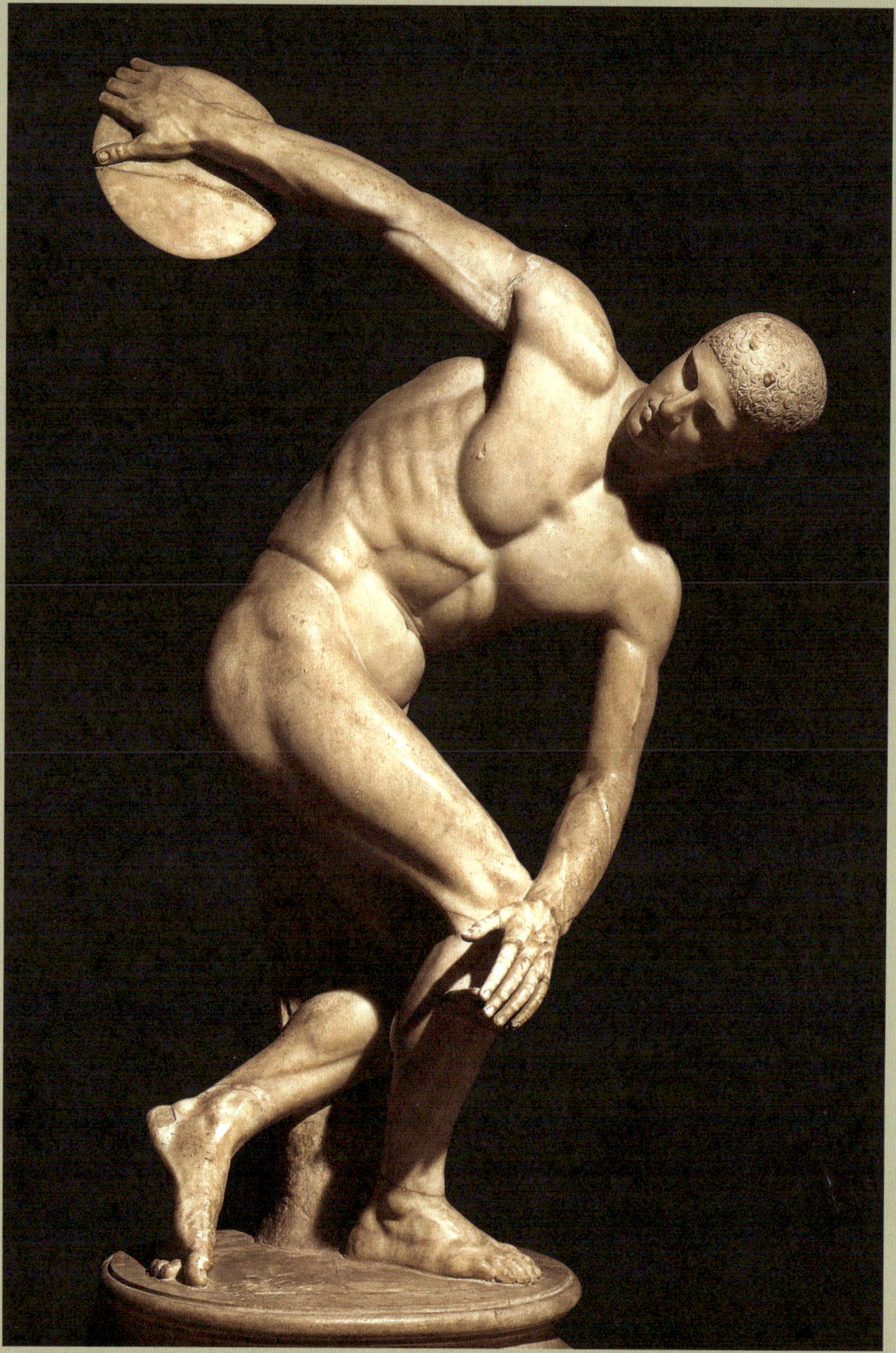

档案：希腊古典时代的雕塑艺术

公元前 5—前 4 世纪，希腊人雕刻了许多无与伦比的石像和青铜像，由此建立了一个美学典范，成为西方文化不可或缺的一部分。

公元前 3—前 2 世纪，当罗马入侵西西里岛和希腊大陆时，罗马士兵在神庙、广场，以及一些希腊城市住宅中发现了许多雕塑，这些雕塑作品让新兴的罗马共和国公民赞叹不已。贵族开始用罗马军队缴获的雕塑装饰别墅的花园和庭院。正是由于罗马人的掠夺，以及之后北方蛮族和奥斯曼人的入侵，留存至今的希腊雕塑作品数量极少。今天我们仍然能够欣赏到一些雕塑杰作，主要是因为在过去的两个世纪中，在海底或某处地下发现了一些雕塑碎片。

幸运的是，许多罗马工匠致力于复制那些最令人赞叹的希腊雕像。复制品通常是按原作制成的模具进行复刻的，还原度极高。然而，为了制作模具需要在原作上涂上一层蜡，原作的大理石因此也受损。但无论如何，正是由于罗马上流社会喜爱希腊雕塑作品，我们今天才得以欣赏这些古希腊雕塑家的惊世之作。

最早的古典时代雕塑作品

在古希腊人的艺术表现形式中，雕塑无疑是最精妙、最生动、最和谐的一种。尤其是从公元前 5—前 4 世纪开始，雕像摒弃了古风时期的呆板和僵化，开始彰显表现力和动作。希腊雕塑家的创作是出于对人体美的崇敬，同时也出色地实现了艺术的主要目标：触动观众。

古典时代的希腊雕塑摆脱了埃及和东方的影响，开创了自己的道路，既赞颂了

米隆的《掷铁饼者》 来自伊留特拉夷的雕塑家米隆（Myron）的杰作，插图为罗马时期的复制品，最初创作于公元前5世纪中叶，现藏于罗马国家博物馆戴克里先浴场（Museo Nazionale Romano - Terme di Diocleziano，Rome）。

个体的完整，又表现出人外在的美和内在的平静。公元前5世纪，希腊雕塑艺术逐渐摒弃了之前年轻男性雕像（kouroi）和年轻女性雕像（korai）所表达的审美，因为这些赤裸的青年雕像和衣着华丽的女性雕像缺乏表现力，不符合当时艺术家对于和谐的日益关注。

古希腊留给我们的宝贵遗产之一便是注重艺术创作中对和谐的追求。对于古典时代的杰出人物来说，和谐是一个超越审美的概念，是稳定和幸福的必要条件。可以理解为局部与整体之间达到一种平衡的理想状态，即尺度、时间、方法、形式和目标之间的平衡。和谐的理念在整个人类历史上的影响十分广泛：除了艺术，还包括伦理、修辞、法律、教育和体育等多个领域。

阿尔戈斯雕塑家波利克里托斯（Polyclète）（公元前480—前420年）的许多雕塑杰作都能反映出对于“和谐”的追求，如《执矛者》（*Doryphore*）、《拿着铁饼的人》（*Discophore*）和《佩戴胜利王冠的人》（*Diadumène*）。他写了一篇题为《法则》（*Kanon*）的文章，阐述了自己的艺术创作是基于对称（symmetria）、比例（isonomia）和均

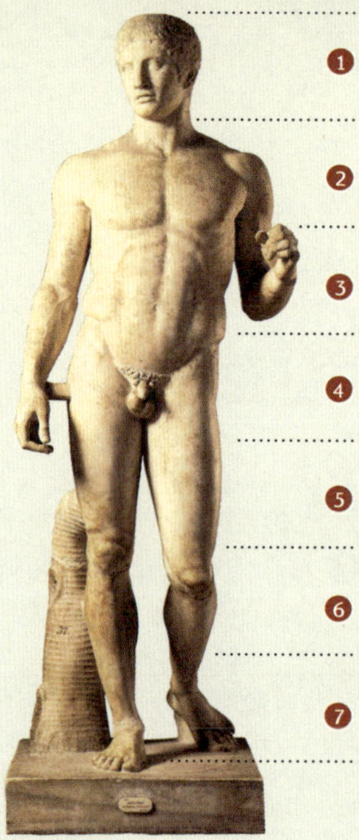

美的法则

波利克里托斯（Polyclète）的《法则》（*Kanon*）是一本现已失传的论著，书中提出了雕塑创作三个概念，即对称、比例和均衡，这些概念适用于不同尺寸和形式的雕塑作品。雕像的不同部分必须根据理想的数学比例和谐地连接起来，该体系与毕达哥拉斯（Pythagore）提出的音阶间隔比例一致。

插图　波利克里托斯的《执矛者》（*Doryphore*）为罗马时期复制品，原作创作于公元前450年左右，遵照了身长和头部比例为7：1的范式，现藏于那不勒斯国家考古博物馆（Musée archéologique national, Naples）。

衡（rhytmos）。波利克里托斯认为一座雕像由明确定义的几个部分组成，而这些部分又通过一个精确的比例系统连接在一起。

希腊雕塑在古典时代完美地实现了人物神态和动作的平衡。从公元前 5 世纪初开始，艺术家极其重视面部的表现力和身体的自然状态，力求在表现动作的同时通过面部表情传达出人物内心的平静。人物眼神中时而透出悲怆（pathos），时而带着一种动人的活泼感，而衣服的褶皱则根据人物的动作来调整形状，衣物甚至可以近乎透明。人物的姿势（直立）会使雕像显得僵硬，这不符合古典时代雕塑家的理念。这就是为什么要摒弃古风时代的静态雕像，普及“似动非动”的雕塑技法：雕像的重量放在一条腿上，另一条腿轻轻地放在地上。人物站立姿势的变化绝非无关紧要，由于髋部微微侧倾让整个身体呈“S”形曲线，从而为雕像注入了活力。

波利克里托斯和伊留特拉夷的米隆（Myron d'Éleuthères，公元前 480—前 440 年）是同时代人，米隆创作了许多以运动员为主题的青铜雕像；还有雅典的菲迪亚斯（公元前 490—前 431 年），他也许是当时最著名的希腊雕塑家。菲迪亚斯是伯里克利的密友，他为雅典卫城设计了雅典娜神像，其中一个在帕提侬神庙内，另一个在神庙外。位于大殿内的《帕提侬神庙的雅典娜神像》（*Athéna Parthénos*）高 11 米多，女神左手扶着盾牌，右手持展翅的胜利女神像。菲迪亚斯用木料为雕像作胎，再用青铜板模塑，最外层贴上可拆卸的金箔，面部和手臂则用象牙制成。菲迪亚斯的另一个杰作是宙斯雕像，坐落于奥林匹亚神庙内。遗憾的是，菲迪亚斯的这两件雕塑作品都没能保存下来。

艺术和宗教

许多雕像是为了装饰富裕家庭的坟墓，或是纪念英雄和显赫人物，而那些大尺寸且艺术水平较高的雕像则具有严肃的宗教性，旨在装饰神庙和圣所。每座神庙一般都要供奉一座神像，神像的尺寸通常很大。因此，神圣建筑与雕塑密切相关，并为其提供了各种可发挥的空间，如三角楣、中楣和柱子之间的空腔。因此，这两种艺术表现形式高度互补，阿克拉加斯（Acragas，今西西里岛阿格里真托）的奥林

神话主题雕塑 奥林匹亚宙斯神庙的这组雕像群表现了拉皮斯人（Lapithes）和半人马（Centaures）之间的斗争，现藏于奥林匹亚考古博物馆。

匹亚宙斯神庙就是明证。神庙的外柱之间有 12 个男像柱，这些 8 米高的巨大雕像象征着在希梅拉战役中被僭主吉隆（Gélon）击败的迦太基人。

除了供奉的主神像外，神庙的其他雕像都朝向远方。普通的宗教仪式，如动物祭祀和奠酒，在位于神庙外的祭坛上进行，祭坛就在建筑物的大门前。当神庙大门敞开，主神像便与祭坛相对。由此，让大殿内的主神也能亲临信徒举办的所有的宗教活动。

希腊人赋予诸神以人性，并给予每位神所特有的象征和标志。最常见的依次是宙斯、雅典娜、阿佛洛狄忒（Aphrodite）、阿尔忒弥斯（Artémis）、阿波罗和赫拉。

阿佛洛狄忒当然不是最受崇敬的，但她是诸神中最诱人的，代表了性感、肉欲，以及爱情的喜悦，这解释了为什么最美的一些雕像都是出于对这位女神的崇拜。按照希腊人对女神的理想化形象，女神像总是呈现出纤细的身姿，精致的面容带着安详和诱人的表情。她一般都穿着飘逸的长袍，配有朴素的饰物，头戴发卡。艺术家在创作大多数女神雕像的过程中，总试图尽可能地裸露身体。

伟大的普拉克西特列斯

古希腊最有才华的雕塑家是雅典人普拉克西特列斯（Praxitèle，公元前 390—前 330 年）。他使用一种革命性的技术，在大理石上刻画阿佛洛狄忒的身体和灵魂，表现出女神独特的一面。普拉克西特列斯超越了古典时代的雕塑技艺，突出了雕像的曲线（著名的“普拉克西特列斯曲线”），雕像侧面有一个通常是树干或衣物的下摆支柱。

普拉克西特列斯创作的女神阿佛洛狄忒雕像是艺术史上最受推崇的作品。普林尼（Pline）讲述了作品背后的故事：有一天，科斯岛的代表团来到普拉克西特列斯工作室，想购买一尊阿佛洛狄忒女神像。工作室里有两尊阿佛洛狄忒女神像，一尊穿着束腰外衣，而另一尊则全身赤裸。科斯岛代表团选择了前一尊女神像，购买后把它带回了科斯岛，被命名为《阿尔勒的维纳斯》（*Vénus d'Arles*）。我们在普罗旺斯（Provence）的一个剧院中发现了罗马时期这座雕像的复制品。不久之后，克尼多斯（Cnide）的统治者也向普拉克西特列斯购买一尊阿佛洛狄忒雕像，他们别无选择，只能接受全裸的女神雕像。这件作品被称为《克尼多斯的阿佛洛狄忒》（*Aphrodite de Cnide*）。这件作品所表现的女性美引发了一场真正的雕像革命，因为这是古典艺术史上第一次展现女性的阴部和臀部。

普拉克西特列斯并不满足于表达阿佛洛狄忒的身体美，他还捕捉到了女神细微的情感表现：沐浴前女神慵懒地让衣服滑落在双耳瓶上，这时一个虚构的闯入者侵入了这个私密空间，女神脸上表露出惊恐和害羞的神情。这种轻微的羞耻感对观众来说极具感染力，因为这让人觉得自己就是那个困扰女神的不速之客。后来，普拉

巨型雕塑

公元前432年，伯罗奔尼撒战争伊始，也是菲迪亚斯去世的前一年，这名雅典人完成了他的杰作——奥林匹亚的宙斯神像。这个巨大的作品由黄金和象牙制成，成为世界七大奇迹之一。这座完美的雕像在希腊宗教界掀起了波澜：因为菲迪亚斯将奥林匹斯诸神之主具象化，使之成为永恒，而之前在集体想象中宙斯的形象仍然是模糊的。该雕像高约12米，占据了奥林匹亚宙斯神殿的中殿。通过一些罗马时期的硬币，以及曾亲自前往神殿的保萨尼亚斯（Pausanias）在其著作中的记述，我们得知宙斯端坐在宝座上，赤裸上身，下身围着布，头戴由橄榄枝编织的皇冠，目光威严，右手握着胜利女神雕像（Athéna Niké），左手拿着一根权杖，杖顶饰有一只鹰。雕像的底座上装饰着阿佛洛狄特从海中诞生的场景。

插图　重建于19世纪的雕塑。

克西特列斯又创作了另一座雕像《水中的阿佛洛狄忒》（*anadyomène*），我们通过罗马时期的复制品了解到这件作品，它展现了从海水泡沫中诞生的女神，她全身裸体，没有神秘感，充满威严。

请记住，对希腊艺术家来说，神庙或雕塑只有在上色之后才算完成。诚然，从古希腊继承下来的美学准则之一是在建筑和雕塑中使用白色大理石。但如果一个古典时代的希腊人有机会鉴赏米开朗琪罗的《大卫》（*David*），或任何其他文艺复兴或新古典主义的雕像，他可能完全无法理解。

在某些古希腊作品上发现的色彩残留，不仅表明它们原本都是彩色的，而且色彩丰富，留给人深刻的印象。雕像以较深的色调突出人物衣物的褶皱，许多服装看起来像真正的织物。关于面部，则根据表情需要上色。

斯科帕斯和利西波斯

斯科帕斯（Scopas，公元前 420—前 350 年）是公元前 4 世纪上半叶的另一位伟大雕塑家。他使用故乡帕罗斯岛（Paros）精美的大理石，在雕像上呈现出痛苦的表情、巨大的悲伤和忧郁。泰吉的雅典娜神庙内，海吉亚女神（Hygie）的脸上就带着这种深深的感伤（pathos）。斯科帕斯还参与了哈利卡纳索斯摩索拉斯陵墓（mausolée d'Halicarnasse，古代世界七大奇迹之一）的雕塑创作，这座巨大的陵墓建于公元前 350 年左右，由卡利亚王后阿尔特米西娅（Artémise）为她的丈夫摩索拉斯国王（Mosole）建造。根据普林尼的记载，这是一座建立在拱廊底座上的巨大方形建筑，由 36 根柱子支撑起一座 24 级台阶的金字塔。顶部装饰着壮观的大理石雕塑：摩索拉斯国王和阿尔特米西娅王后驾驶一辆四马双轮战车。

斯基昂的利西波斯（Scoopas et Lysippe，约公元前 380—前 318 年）是一位多产的雕塑家，例如《刮污汗的运动员》（*Apoxyomène*，运动员用擦洗皮肤的用具刮去皮肤上的灰尘和汗水）。此外，据说他还是亚历山大大帝的御用雕像师。他摒弃了传统以面为主的创作技法，采用了更为立体的表达。欣赏他的雕塑作品，需要绕作品一圈。利西波斯超越了波利克里托斯的经典作品，因为利西波斯创作

古典时期的大型雕塑

雕塑在希腊得到了蓬勃的发展，古典时期的雕塑摆脱了古风时期僵化的雕塑形式，轮廓和细节都变得更为细致。公元前5世纪中叶，波利克里托斯的雕塑创作实现了完美的和谐；公元前4世纪，雕塑家们继续探索形式之美和雕塑技巧，其中普拉克西特列斯和斯科帕斯的作品达到了极致的细腻感。

❶ **波利克里托斯（《持矛者》）** 他创作的雕像采用了经典的“S”形姿态，遵守了他在《法则》中提出的尺寸和比例。

❷ **米隆（《雅典娜》）** 他对于人物动作的把握出神入化，革新了运动员姿态在雕塑作品的呈现。雕像的面部神态展现出内心的平静。

❸ **菲迪亚斯（《利姆尼阿的雅典娜》，*Athéna Lemnia*）** 他是雅典卫城雕塑作品的艺术总监，为艺术的发展做出了巨大贡献。

的雕像头部较小，从而使人像显得更修长。利西波斯的创作革新了雕像的比例，建立了不同于以往的审美。

希腊雕塑在公元前 4 世纪最后 30 年进入了希腊化时期。这个时期的雕塑创作继承了古典时代艺术家的遗产，同时突出了人物的情感和心理。普拉克西特列斯和古典时代其他才华横溢的雕塑

❹ **普拉克西特列斯（《赫耳墨斯和婴儿狄俄尼索斯》，*Hermès portant Dionysus enfant*）** 他创作的雕像十分精致，充满情感，采用了“普拉克西特列斯曲线”。

❺ **斯科帕斯（《梅里埃格和卡吕冬野猪》，*Méléagre et le sanglier de Calydon*）** 他雕塑作品的表现力和感染力宣告了希腊化时代的开始。

家们彻底改变了雕塑艺术。之后希腊世界的雕塑艺术在此基础之上创造出更注重感官和更富有生命力的美学特质，留下了传世的经典之作。

斯巴达卫城剧院遗址

作为伯罗奔尼撒战争的胜利者，斯巴达的考古遗产很少，与今日遍布雅典的建筑遗迹形成了鲜明的对比。

插图（右侧） 献给雅典娜的蛇发女魔戈耳工雕像，发现于斯巴达圣所。

帝国主义和斯巴达危机

尽管伯罗奔尼撒战争的结果似乎有决定性意义，但雅典的溃败既没有打乱既定的秩序，希腊世界也没有因此恢复稳定。战争的终结只是让斯巴达暂时在希腊占据主导地位，而波斯的威胁却进一步加剧。斯巴达缺乏巩固霸权所必需的人力和财力，这导致其社会结构的改变和公民的分化。

公元前404年，莱山德率领斯巴达军队以胜利者的姿态进入雅典。斯巴达人拆除了长墙和比雷埃夫斯的城墙。由此剥夺了雅典人的自治权，并危及雅典粮食进口的海上通道。在没有城墙的情况下，这座城市确实随时可能因围困而饥荒。底比斯和科林斯的某些派系曾要求彻底摧毁这座城市，但斯巴达的统治者再次认为没有必要采取如此严酷的措施。尤其是因为斯巴达对日益强大的底比斯有所忌惮，希望雅典在必要时能牵制底比斯。

斯巴达要求雅典必须满足五个条件，才能接受其投降：放弃阿提卡以外的领土；舰船数量限制在十几艘内；重新接纳被流放的亲斯巴达人；放弃民主制度；在 1.5 公里的范围内拆除所有城墙。雅典人对羊河之役中 3000 名俘虏的悲惨结局一直感到震惊，如今斯巴达提出的条件不禁让他们松了口气。处决人质违反了希腊战争的惯例，但在这场残酷的战争中，所有曾经的荣誉准则都被颠覆了，以致战败者对于自己即将面对的命运一无所知。

在接管雅典之后，斯巴达扶持了一个寡头派的傀儡政府。政府所施行的残暴统治为其赢得了“三十暴君”的绰号。他们警惕所有可能的反对力量。他们没有任何顾忌，从一开始就致力于没收财产和暗杀公民。这届政府激起的仇恨使所有反对派最终团结起来。因此，雅典人在战败后仅八个月就设法再次恢复了民主制。

雅典被征服后，斯巴达便开始考虑如何控制名存实亡的提洛联盟。雄心勃勃的莱山德自诩为“希腊城邦的解放者”，但他首先寻求的是建立自己的帝国，以取代雅典帝国。根据普鲁塔克的说法，斯巴达人“让希腊人品尝到最甜美的自由之酒，但之后又往里面加醋；那口酒便立刻变得苦涩且令人不快”（《莱山德传》）。作为终结漫长战乱的英雄，莱山德消灭了小亚细亚和爱琴海仅存的几个民主城邦。他用 10 个亲斯巴达人组成的委员会代替了原有的民主政府，由一个斯巴达军事总督（harpiste）和驻军控制，每个亲斯巴达政府都表现出与雅典三十暴君一样的暴虐和嗜血。然而，大多数监察官，以及斯巴达国王阿吉斯和波萨尼亚斯（Pausanias）都反对这种扩张主义和镇压政策。他们认为，斯巴达人力不足，目前的舰队数量还不足以完全掌控已获得的领土，即使利用亲斯巴达的十人委员会也法实现。他们主张最好尊重每个城邦的传统政治制度，避免与希腊世界的大部分地区为敌，重新回归斯巴达的传统政策，即仅在伯罗奔尼撒半岛上建立霸权，这也符合莱库格斯宪法（Constitution de Lycurgue）的精神。

但是，对雅典的长期战争造成的经济危机，以及由此产生的政治影响，再加之斯巴达某些社会阶层的支持，首先是那些想借此获取财富并承担公共责任的斯巴达人，此外还有在各地充当雇佣兵的涅奥达摩德斯人（服兵役后获释的黑劳士），莱山德筹划建立一个帝国。

莱山德和波斯王子居鲁士虽各有打算，但两人的目标是一致的，这对于公元前5世纪最后几年斯巴达的命运具有决定性意义。

小居鲁士出征

莱山德和居鲁士在伯罗奔尼撒战争的最后阶段建立起紧密的联系，这种关系源于他们共同的利益。有一个片段特别能说明这一点。公元前405年，居鲁士被指控策划暗杀其堂兄弟。他的父亲，即波斯大帝大流士二世，要求他立即返回苏萨（Suse）。居鲁士在启程之前做出了一个奇怪的决定，委任莱山德在他离开期间暂代总督之职。因此，斯巴达人在接下来几个月中掌控小亚细亚的主要省份和萨迪斯宫廷。

莱山德曾在居鲁士的财政援助下率领斯巴达赢得了胜利，并结束了伯罗奔尼撒战争。此时，轮到波斯王子寻求斯巴达人的帮助：居鲁士的父亲去世，他的哥哥阿尔塔薛西斯二世继承了王位。居鲁士并未因此而放弃自己的野心，但他的人身安全需要得到保障，而他的母亲无法再为居鲁士提供足够的保护了。王子打算组建一支军队，深入帝国腹地击溃他的兄长，夺取政权。然而，他不确定他在小亚细亚是否能够招募到足够庞大的军队，而且，要打败波斯帝国的正规军，需要借助希腊步兵方阵的威力，他的斯巴达盟友是能为他提供精锐部队的。

斯巴达的监察官和国王起初拒绝了居鲁士的求助，他们认为一旦同意就意味着向波斯帝国宣战，而此时的斯巴达无论是财力还是人力都经不起任何战争了。然而，他们又有些犹豫，毕竟居鲁士在前几年曾向伯罗奔尼撒舰队援助了大量黄金。监察官和两位国王还认为，如果阿尔塔薛西斯二世在位，波斯帝国将恢复之前的外交政策，即避免单一势力在希腊占据主导地位，雅典无疑会因此得到波斯的帮助，恢复实力。因此，斯巴达选择了一种中立但危险的策略：斯巴达军队不介入这场兄弟之争（如果阿尔塔薛西斯二世获胜，他就没有理由破坏波斯和斯巴达之间的联盟），而是会迂回地支持居鲁士。斯巴达将派遣大约12000名希腊雇佣兵——其中包括

色诺芬：《远征记》和万人远航

《远征记》的全称是《深入内陆之旅》(*Kúrou Anábasis*)，这是雅典历史学家兼哲学家色诺芬的著作，他还著有《居鲁士的教育》(*Cyropédie*，一部关于波斯帝国创始人的传记小说)、《希腊史》(*Helléniques*，叙述了从公元前411—前363年的希腊史)，以及《拉栖代梦人的政制》(*La République des Lacédemoniens*)，在这本书中，他表达了对斯巴达政治体制的赞赏。

《远征记》写于公元前386年，这部著作是古希腊史上的一个特例，因为作者也身处其所叙述的事件中。这部作品风格简朴，带有一定的辩护意味，其中不乏高潮段落，例如波斯总督提萨弗尼斯背叛了斯巴达的将军们，将他们全部杀死。让我们再回想一下那个史诗般的时刻，8000多名远征军幸存者抵达希腊殖民地特拉布宗（Trébizonde）的郊区，他们在穿越敌方领土2000公里后，终于看到了大海，他们如释重负地大喊道："大海！大海！"在下页的地图上，标注了由居鲁士招募的10000名希腊雇佣兵的远征路线。

家族和权力

斯巴达有两个王族，其一是亚基亚德家族。出自这个家族的国王有克里昂米尼（Cleomène）、列奥尼达斯（Leonidas）和波萨尼亚斯。而阿吉斯和阿格西劳斯，他们属于欧里庞提德家族。

上图 献给克里昂米尼女儿的石碑，现藏于巴黎罗浮宫博物馆。

700名斯巴达人——并用斯巴达舰队将雇佣军运送到小亚细亚东南海岸的西里西亚。

我们通过色诺芬《远征记》(*L'Anabase*)中的大量详尽描述，可以了解此次出征。作为一个亲斯巴达的雅典人，作者讲述了自己加入希腊雇佣军深入波斯帝国腹地，以及在这场英勇之旅中所遭受的苦难。公元前401年秋天，一支由10万波斯人、10000名伯罗奔尼撒重装步兵和2000名步兵组成的小居鲁士军队在横穿小亚细亚东部和叙利亚后，以消灭安提阿地区（Antioche）的土匪为借口，越过了幼发拉底河，深入美索不达米亚（Mésopotamie），并继续向南到达离巴比伦（Babylone）

不远的库纳克萨（Counaxa），在那里与波斯军队展开了战斗，所有人都期待这场战斗会带来荣耀和财富。希腊雇佣军击垮了迎面而来的敌军，并为居鲁士军赢得了优势。无畏的居鲁士骑着马冲入敌军，重伤了自己的哥哥。当他以为自己已经获胜时，却在战场混乱的厮杀中丢掉了性命。随着主帅的阵亡，他的计划也失去了所有意义。斯巴达的将军们与他们的旧相识——总督提萨弗尼斯谈妥了撤军条件。但几天后，总督下令以叛国罪要处死他们。总指挥官克里尔库斯（Chirisophe）和色诺芬惊慌失措地带领希腊雇佣军开始了在敌国境内的逃亡，他们将部队带到了底格里斯河（Tigre）的源头。几个月来，雇佣军一路击退了许多敌人——波斯人、卡杜克人、亚美尼亚人和科尔克斯人。他们忍受着饥饿和山区的严寒，最终有 8600 人到达黑海南岸获救。万人远征象征着一个新主体——雇佣兵的诞生。在此之前，重装步兵是战场的主体，也是公民的主要组成部分。雇佣军导致保卫城邦的士兵与政治生活之间的密切联系被削弱了。军事职务的任命由此趋于多样化，即使重装步兵仍是主导。

对波斯的战争

小居鲁士的死促使提萨弗尼斯重返萨迪斯。他的首要任务是控制小亚细亚的希腊城邦和邻近岛屿。 在斯巴达，许多人后悔没有派军队支持居鲁士的远征。 如果他在苏萨登上王位，斯巴达人就会拥有强有力的后盾，来推行他们的外交政策。位于赫勒斯滂、伊奥利亚、爱奥尼亚和卡利亚的希腊城邦此时处境艰难，斯巴达的监察官们深知自己需对如今的局面负责，于是决定援助这些城邦。

斯巴达国王阿吉斯于公元前 400 年去世，由此加剧了斯巴达与波斯之间的分歧。由于有人怀疑列奥提基达斯（Léotychidas）王子不是阿吉斯的儿子，而是战争期间雅典人亚西比德与泰米娅王后的私生子，最终阿吉斯同父异母的弟弟阿格西劳斯（Agésilas）继承了王位。普鲁塔克在《亚西比德传》中有过相关详述，这位前雅典战略家公开声明，他与王后上床并不是出于傲慢或者享乐，而是为了有一天他的孩子们可以统治斯巴达。如果事实确如他所言，那么斯巴达人就能以没有王室血统为由剥夺列奥提基达斯的王位继承权，而正是亚西比德的狂悖之言为此埋下了祸根。

此外，据说阿格西劳斯年少时曾是莱山德的情人（éraste）。在斯巴达，这被认为是年轻人教育过程中的重要一步，他们将接受具有社会影响力的成年人的教导。作为阿格西劳斯的导师，莱山德对其有着巨大的影响力，而且，在王位继承权产生争议时，莱山德在其中发挥了关键作用，并最终为他夺得了王位。

一旦阿格西劳斯登上斯巴达的王位，他与莱山德主张的扩张主义政策就能压倒另一位国王波萨尼亚斯的温和政策。波萨尼亚斯主张继续遵守与波斯人签订的友好

波斯帝国的总督——提萨弗尼斯和法纳巴祖斯

总督（“国家的保护者”）是波斯帝国各行省（公元前5世纪总计为23个）的管理者和最高法官，主要负责安全和税收。波斯大帝通过官员和密使控制总督，抑制他们的野心，缓和彼此之间的紧张关系。

公元前415—前395年，吕底亚总督提萨弗尼斯接待了逃离斯巴达的亚西比德。公元前408年，居鲁士王子抵达萨迪斯后，因与他不合，提萨弗尼斯被派遣到卡里亚地区。在库纳克萨战役中，他保护了阿尔塔薛西斯二世，之后升任总督；然而，阿格西劳斯在萨迪斯平原（公元前395年）取得胜利后，波斯大帝任命提斯劳斯忒斯（Tithraustès）接替他。新的总督处决了提萨弗尼斯，并将他的头颅献给阿格西劳斯，试图与斯巴达达成协议。公元前413—前387年，法纳巴祖斯任赫勒斯滂的弗里吉亚总督，他与提萨弗尼斯关系紧张，在伯罗奔尼撒战争期间，促成了波斯与斯巴达之间的合作。提萨弗尼斯垮台后，他在雅典人科农的帮助下瓦解了斯巴达海军帝国，于公元前386年签署了《大王和约》，作为奖赏，他迎娶了阿帕玛公主（Adama）。

插图 公元前410年左右铸造的带有法纳巴祖斯肖像的波斯硬币。

条约，并强调外交政策上保持斯巴达传统审慎态度的重要性。然而，公元前396年，斯巴达在小亚细亚进行了多次小规模的军事远征之后，决定发动一场针对波斯的重大战役，此次远征军由30名斯巴达军官、2000名涅奥达摩德斯人和6000名盟军士兵组成，莱山德和阿格西劳斯国王作为统帅。在以弗所登陆后，他们又招募了400名骑兵和10000名重装步兵，其中许多人是之前战败的小居鲁士雇佣军的幸存者。

作为现实生活中的一个真实存在，莱山德成为民众崇拜的对象。普鲁塔克认为，他是“第一个被视作神灵一样的希腊人，许多城市为其设置祭坛，并进行祭祀活动”，由此开创了一个在希腊化时期和罗马时期广为流传的先例。至于阿格西劳斯，他将自己视为阿伽门农（Agamemnon）的接班人，将在一场史诗般的战役中对抗亚洲的敌人。因此，他决定在奥利斯（Aulis）海岸进行祭祀，以模仿出征特洛伊（Troie）之前的那一次远征。

莱山德和阿格西劳斯之间的冲突是不可避免的。国王刚抵达以弗所，便注意到当地市民对两人的差别待遇。普鲁塔克在书中写道：“那里的人不认识他，几乎没有注意到他，也很少和他说话。相比之下，即使他的朋友们，却也像那些不信他的人一样以王室般的礼仪款待莱山德。权力的光辉仅投射在作为顾问的莱山德身上，而国王拥有的只是一个毫无意义的头衔。”（《莱山德传》）阿格西劳斯感觉被冒犯了，开始诋毁莱山德，把他当成一个单纯的管家，他对以弗所人说道：“去吧，去奉承我的送肉员吧。”最后为了彻底摆脱他，国王任命他为驻赫勒斯滂的大使。

公元前 395 年春天，阿格西劳斯决定进攻萨迪斯，这是波斯人控制小亚细亚的枢纽城市。斯巴达军队在城墙下的战斗中取得了大胜；然而，斯巴达未能攻下这座城市，也没有获得小亚细亚地区一些希腊自治城邦的承认。总督提萨弗尼斯为这次失败付出了沉重的代价，尽管他曾为帝国尽职多年，但阿尔塔薛西斯国王仍然下令处决了他。

一年后，斯巴达军队前往由总督法纳巴祖斯控制的赫勒斯滂，阿格西劳斯在那里取得了大胜。他在小亚细亚北部地区几乎没有遇到抵抗，一路上洗劫了许多城镇。但因为希腊爆发了冲突，公元前 394 年的夏天，监察官要求他立即返回。斯巴达国王随后结束了此次远征，普鲁塔克认为这是“服从和尊重法律的最佳典范”。

尽管阿格西劳斯及其军队被仓促召回，斯巴达还是在亚洲建立起了一个名副其实的帝国。斯巴达人控制着从北部的博斯普鲁斯（Bosphore）海峡到南部的卡里亚（Caire）地区的广阔地域。斯巴达多年掌控着这片区域，一方面，依靠驻扎此地的 4000 名伯罗奔尼撒人抵御波斯人的进攻；另一方面，小亚细亚的希腊城邦提

供了所需的财政和军事资助。

事实证明，小居鲁士和阿格西劳斯先后进行的两次远征对于之后的局势演变非常重要。这让希腊人第一次明白入侵波斯帝国是可行的。小亚细亚地区各希腊城邦和海岸附近岛屿长期遭受波斯侵扰，而这个想法为彻底消除这一威胁提供了解决方案。这两次军事行动显示了希腊军队能够轻易地深入波斯领土，以及他们在与波斯军队发生冲突时的战术和技术优势。10 年后，马其顿国王菲利普将用这些经验作为筹备入侵波斯帝国的基础，而他的儿子亚历山大大帝将实现这个计划。

战死沙场

城邦的公民对战场上阵亡的勇士们怀有深深的敬意。不寻回尸体被认为是对死者的侮辱，因为他们认为如果尸体没有被埋葬或火化，灵魂就无法到达冥府，注定要永远游荡。

插图 弗里吉亚海仙女神庙的中楣，现藏于伦敦大英博物馆。

占卜

宗教仪式在斯巴达军队中非常重要。最有趣的也许是开战前的宗教仪式：献祭一只山羊给狩猎女神阿尔忒弥斯。占卜者在国王的注视下检查了山羊的内脏，只有获得众神的祝福，国王才会下令进攻。

插图 公元前 6 世纪的陶器，现藏于滨海布洛涅博物馆（musée de Boulogne-sur-Mer）。

斯巴达的社会危机

然而，斯巴达的军事胜利反而标志着其全面衰落的开始。一直以来，莱库格斯宪法保障着斯巴达人之间的和谐与平等，但在斯巴达称霸希腊的时期，以往祥和的社会氛围就不再存在。保守派和扩张派之间的斗争，以及人口下降和开放贵金属流通导致的社会经济危机，都是引发斯巴达公民分化的主要因素。

公元前 5 世纪，提洛联盟使雅典进入繁盛时期，雅典将由此获得的利益分配给所有社会阶层，从而保证了政治和社会稳定。相反，管理一个帝国却对斯巴达产生

黑劳士和古典时代的斯巴达社会结构

斯巴达社会分为三个等级：斯巴达人（homioi）、庇里阿西人（périèque）和黑劳士。斯巴达人是指30多岁的斯巴达人后裔，拥有完全的政治和公民权利。庇里阿西人居住在村里，享有公民权利，但不享有政治权利。而黑劳士是来自美塞尼亚地区的奴隶。

自公元前8世纪末征服美塞尼亚以来，通过对其居民的奴役，斯巴达人得以专门致力于军事训练。美塞尼亚人变成了与土地相连的黑劳士，由他们的主人看管，如果他们反抗，主人可以惩罚、卖掉他们或夺走他们的生命。他们在军事行动中负责后勤工作，而女黑劳士通常负责家务。为了防止黑劳士叛乱，斯巴达人迫使他们背井离乡，卖身为奴，在主人（klêros）的土地上劳作。他们可能因克里普提（krypteia）[1]意外死亡，克里普提是一项暗杀活动，一些年轻的斯巴达人借此机会加入精英团体。右图：公元前430年，一个儿童奴隶及其主人的浮雕作品，现藏于雅典国家考古博物馆。

[1] 克里普提，希腊文 Kypteia 的音译，意思是秘密暗杀。在斯巴达青年公民教育中，18—20 岁的青年被秘密分散派遣到乡村，杀死具有反抗意识的黑劳士。——译者注

斯巴达统治的权力分散

公元前 8 世纪末的美塞尼亚战争之后，杰出的立法者莱库格斯在斯巴达建立了一个新的政治体系。权力分配给四个不同的机构：监察机构、长老会议、双王制和公民大会，它们彼此之间互相牵制。

基于所有公民在法律面前一律平等（isonomia），斯巴达政制试图集众家之所长。监察机构，即监察官委员会，是行使最高权力的行政机构；长老会议源自寡头制；公民大会（Apella）由享有政治权利和公民权的斯巴达人（homioi）组成，它代表了民主；最后，双王制是君主制传统，确保其中一位国王是欧里庞提德家族后裔，另一位则须出自亚基亚德家族。战争爆发时，一位国王指挥军队，另一位国王通常留守城邦。公元前5世纪末，斯巴达成立了王族委员会，负责与军事战略有关的决议。

右图 《莱库格斯阐述教育的益处》（*Lycurgus démontre les avantages de l'éducation*），17世纪画家范·埃弗丁恩（van Everdingen）的油画作品，现藏于阿姆斯特丹市立博物馆（Stedelijk Museum, Amsterdam）。

哈利卡纳索斯陵墓的中楣（第 134—135 页）

这座浮雕创作于公元前 350 年左右，出自哈利卡纳索斯陵墓。它描述的是神话故事中雅典人和亚马孙人之间的战斗。古典时代的希腊人参加了许多战争。现藏于伦敦大英博物馆。

了不利的影响，不仅加剧了内部紧张局势，还造成了不平等现象。无论是他们的心态，还是基于传统和不动产的立法，都没能让斯巴达为这个挑战做好准备。

被阿格西劳斯国王排挤后，莱山德企图推翻帝制登上王位，但这样做只会加剧政治危机。斯巴达的立法将国家置于个人之上，不允许像莱山德这样的人获得终身职位，甚至连任，就像雅典的十将军一样。对于斯巴达人而言，最受人尊敬的职位是舰队司令，但任期只有一年，莱山德拒绝了这个职位。

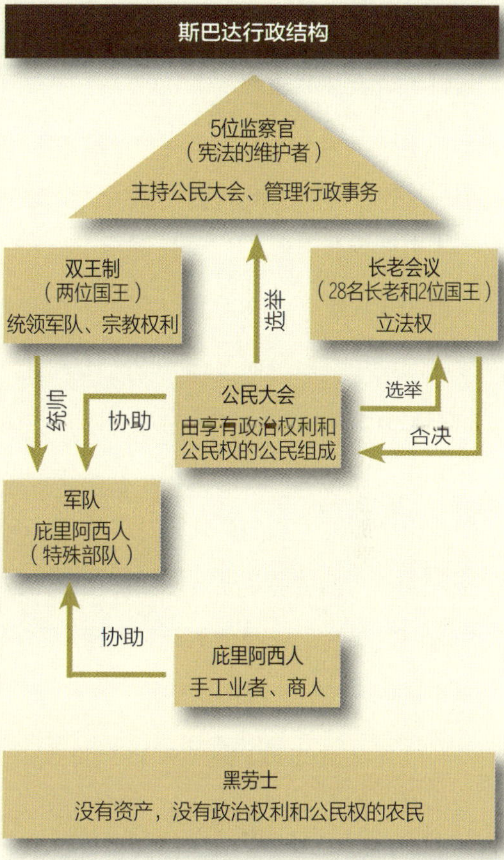

莱山德在各级会议上坚称，王位继承应取决于个人美德。他提出，王权不应该只留给欧里庞提德家族（Eurypontides）和亚基亚德家族（Agiades）。然而，他的提议遭到了绝大多数公民的拒绝。斯巴达人口锐减的原因是多方面的：武装冲突、近亲结婚、严格的两性分离导致婚前没有异性恋、娈童、优生学（杀死被认为“有缺陷”的婴儿）和晚婚（女性在 20 岁左右结婚，而在希腊其他地区则为 14 岁，男性则要等到完成军事训练后，即 30 岁时才能结婚）。公元前 4 世纪初，几十年的战乱加速了斯巴达人口下滑，甚至达到了惊人的水平。人口情况极其令人担忧，以至于涅奥达摩德斯人和莫塔克斯人（斯巴达人和女黑劳士所生的孩子）都获得了社会地位。斯巴达还不得不赋予女性特有的财产权，并给予她们某些政治职权，使她们在古希腊具有前所未有的重要性。

作为战胜者所获取的财富进一步加剧了斯巴达的社会危机。虽然斯巴达人了解金钱的作用，但是斯巴达的经济还未货币化。几个世纪以来，斯巴达的财富基本来自对黑劳士的剥削，货币只起了微乎其微的作用。随着伯罗奔尼撒战争的结束，情况发生了很大变化。波斯王子居鲁士的黄金、在洋河之役中积累的战利品以及被征服城市所缴纳的贡品给斯巴达带来了一座巨大的宝库。而斯巴达对此毫无准备，这些突如其来的财富动摇了社会的传统模式。普鲁塔克在书中写道："莱山德从战争中带回的黄金，以及他的政策对莱库格斯宪法的打击，导致整个社会充斥着贪婪和奢华之风。"

值得注意的是，这笔财富只惠及了少数公民。此外，这笔财富使得拥有贵金属的禁令形同虚设，并打破了斯巴达人之间的平等。那些帝国的管理者利用职务之便以权谋私，色诺芬在《拉栖代梦人的政制》中写道，斯巴达的行政官员（harmostes）"任凭自己在阿谀奉承中一步步腐化，并吹嘘所拥有的财富"。然而，大量货币流通导致的通货膨胀却让绝大多数自由人变得越来越穷。

经济状况不佳导致出生率进一步下降。许多斯巴达人不得不出售财产来偿还债务，从而加剧了土地所有权集中在少数精英手中。自古以来，斯巴达社会制度是建立在法律面前人人平等和社会同质化的基础上，如今则快速演变为基于贪婪和腐败的经济寡头制。掌权派系随后分裂为两个阵营：一派是由莱山德和阿格西劳斯领导的帝国主义者，另一派是由波萨尼亚斯领导，主张遵循莱库格斯宪法，回归传统。普鲁塔克在谈到波萨尼亚斯派系时，曾写道："最谨慎的斯巴达人开始害怕金钱的力量，甚至最杰出的公民都会受其蛊惑：他们谴责莱山德，并在监察官面前坚称应该清除这座城市所有的金银，因为它们就如同被召唤的恶灵。"（《莱山德传》）

斯巴达在巩固了希腊的霸主地位后，一时风光无限，但斯巴达在战后不断扩张，推行帝国主义，这有悖于其基于莱库格斯宪法的习俗和社会结构。由此导致的一系列沉疴积弊使得整个国家举步维艰。而斯巴达所遭受的困苦也将在几年后令其付出沉重的代价，正如德尔斐神谕所预言的："对财富的渴望标志着斯巴达的终结。"

底比斯：崛起的新势力

献给俄狄浦斯和斯芬克司的浮雕，作品出自底比斯，斯芬克司会杀死所有答不出谜题的人。

插图（右侧） 创作于公元前5世纪的陶器，上面描绘了涅俄普托勒摩斯（Néoptolème）接过父亲阿喀琉斯的盔甲，再现了重装步兵出征前准备的场景。

霸权之争

公元前 4 世纪上半叶，斯巴达尽管称霸希腊，却无法掩饰其风光背后的重重危机。为了确保在希腊的霸权地位，斯巴达不得不放弃亚洲，与波斯签订《大王和约》。斯巴达与底比斯之间的冲突，原本可以成为斯巴达展示其霸主实力的契机，却成了它开始衰落的标志，底比斯成了希腊的霸主。

雅典历史学家和哲学家色诺芬的著作让我们了解了公元前 4 世纪初的希腊。色诺芬编撰的《希腊史》续补了修昔底德的《伯罗奔尼撒战争》，他一生著作颇丰，那些曾经的历史事件借由他的文字得以重现。

公元前 395 年，在伯罗奔尼撒战争结束仅 9 年之后，大规模武装冲突再次席卷希腊，这便是科林斯战争。造成这种情况的主要原因是斯巴达帝国统治的暴行在整

科罗尼亚大战

公元前 394 年，科派斯湖附近爆发了一场大战，这座湖位于科罗尼亚的波奥提亚平原，对战双方是斯巴达联军（包括亚洲的希腊人、色诺芬在内的万人远征西西里的幸存者，以及奥尔霍迈诺斯人）和由波奥提亚、雅典、阿尔戈斯、科林斯、优波亚和洛克雷德组成的同盟军。

两军开战伊始，尽管双方各自拥有大约20000名士兵，但是反对斯巴达的联军几乎没有还手之力：除了波奥提亚人之外，其余战士都转身逃往赫利孔河（fleuve Hélicon）。然而，波奥提亚军队则继续向敌军右翼突破。他们攻破了奥尔霍迈诺斯人的防线，一路厮杀至斯巴达国王阿格西劳斯的方阵前。当底比斯人意识到自己在孤军奋战时，他们决定与斯巴达人决一死战，决不撤退。底比斯人在经历了惨烈的战斗后，打开了一个突破口，但不幸的是，他们损失了600人，而对方仅有350人阵亡。

下页插图 由彼得·康诺利绘制，重现了斯巴达和底比斯之间的两军对战。

无名英雄

这座墓碑制作于约公元前 480 年，属于一名年轻的斯巴达士兵，出土于杰拉基（Géraki），现藏于斯巴达考古博物馆。

个希腊引起了深深的不安。伯罗奔尼撒盟友尽管并未受到战争波及，但看到斯巴达独享战胜雅典后缴获的巨额财富，自己却被抛之脑后，不禁对斯巴达心生怨念。

因此，使用武力削弱斯巴达的想法逐渐萌发，尤其是希腊许多主要城邦的发展受到了斯巴达的遏制。由于科林斯失去了对科林斯湾的控制，以及锡拉库萨的重新崛起，科林斯商人需要重振其商业贸易。雅典人开始计划重建海上帝国。阿尔戈斯坚持其对伯罗奔尼撒东部的领土主张。尽管底比斯吞并了普拉提亚的领土，掠夺了阿提卡地区的农田，由此实力大增，但底比斯仍感到受制于斯巴达对希腊中部的控制。

除了主要城邦的利益需求，还应考虑波斯帝国重新收复小亚细亚海岸的意愿。由此，波斯主导了一项旨在平衡希腊各方势力的行动，总督法纳巴祖斯将大量黄金输送给科林斯、雅典、阿尔戈斯和底比斯，以说服他们反抗斯巴达。

希腊内战之所以爆发，除了各城邦之间固有的利益冲突和其他潜在因素之外，还有一个导火索：波斯黄金。公元前 395 年秋天，希腊中部的福基斯（Phocide）和洛克雷德（Locride）因领土争端，重燃战火。福基斯依靠自己的战略地位和宗教上的重要性与斯巴达结盟：福基斯是连接希腊大陆的交通要道，此外，城中的德尔斐圣地在所有希腊人心目中具有极高的地位。洛克雷德则得到了邻邦波奥提亚的支持，而波奥提亚已完全在底比斯的掌控中。

斯巴达派出两支部队分两路由波奥提亚奔赴福基斯。其实，斯巴达此次行动更多是出于自身利益考量，而不只是为帮助福基斯人解决领土争端。莱山德的军队原本应该与波萨尼亚斯国王的军队在科派斯湖畔（lac Copaïs）的哈利亚特（Haliarte）会合。但斯巴达信使被底比斯人捕获，从中获知了斯巴达军队的动态，底比斯人立即采取主动，在斯巴达两支部队会合前将其击败。莱山德在哈利亚特战役中阵亡。波萨尼亚斯自知延误了与莱山德的会合，还下令部队撤退导致斯巴达战败，他害怕因此被定罪，选择了逃亡。

哈利亚特战役之后，在底比斯的倡议下，希腊的主要城邦组成了反斯巴达联盟。而此刻的斯巴达后方空虚，阿格西劳斯国王的军队还在小亚细亚。联盟的四个成员（波奥提亚、阿尔戈斯、科林斯和雅典）在科林斯成立了“同盟国委员会”，计划发动军事行动，旨在消灭斯巴达霸权。一段时间以来，科林斯的民主派一直在积极地与阿尔戈斯的统治者密谋。这让斯巴达人感到震惊，他们害怕失去对科林斯地峡的控制，而这是希腊大陆上最具战略意义的地区。

面对如此棘手的局面，斯巴达的监察官要求阿格西劳斯结束小亚细亚的远征立即返回希腊。在莱山德去世、波萨尼亚斯国王逃亡之后——他的儿子阿格西波利斯（Agésipolis）还未成年——阿格西劳斯的地位变得越来越重要。他甚至成为斯巴达历史上最强大的君主。从小亚细亚归来后，他采取了更加温和的方式维持帝国的统治。例如，他推行的寡头制领导层人数更多，取代了莱山德指定的十人委员会。在对外政策方面，阿格西劳斯主张与波斯保持较为审慎的外交关系，而对于底比斯的挑衅必须秉持强硬态度。

公元前 394 年，阿格西劳斯国王没能参加科林斯地峡附近发生的尼米亚战役（Némée）。在这场战斗中，23000 名斯巴达及其盟军士兵对阵同等数量的敌军。斯巴达人大获全胜，杀死了近 3000 名对手。一个月后，在波奥提亚北部的科罗尼亚战役（Coronée）中，阿格西劳斯率领 20000 员大军及时赶到。尽管底比斯人两次成功地打乱斯巴达军队的阵形，但斯巴达人仍然在这场激战中取得了胜利。此役之后，斯巴达在波奥提亚恢复了霸权，阿格西劳斯率军前往附近的德尔斐暂作休整，其间他参加了皮提亚的祭祀活动，将亚洲战场上获取的战利品的十分之一祭献给了阿波罗。

公元前 394 年夏天，双方的第三次对阵发生在海上，斯巴达在此战中并未讨得便宜。在小亚细亚西南部的克尼多斯海岸附近，由塞浦路斯人、腓尼基人和罗德斯岛人组成的舰队，在波斯总督法纳巴祖斯和经验丰富的雅典海军司令科农的指挥下挫败了斯巴达人。在克尼多斯战役获胜后，科农和法纳巴祖斯继续向北航行，将斯巴达的军事总督及其驻军赶出了沿岸的希腊城邦。由此波斯将取代斯巴达管理此片地区，除了赫勒斯滂的阿卑多斯和塞斯图斯之外，其他所有城邦都为此松了口气。这次战役也标志着斯巴达海上霸权的终结。

雅典的回归

就这样，波斯人借助少数作战经验丰富的雅典人在一次突袭中成功地摧毁了斯巴达人 10 年前精心缔造的亚洲帝国。克尼多斯战役几个月后，雅典人科农和总督法纳巴祖斯以十足的魄力率领波斯舰队驶向希腊海岸，这是自薛西斯（Xerxès）时代以来的第一次。他们到达了美塞尼亚，劫掠了沿海地区。他们占领了基塞拉岛，然后在科林斯登陆，在那里他们敦促盟军继续进攻斯巴达。

危机动摇了斯巴达的社会基础，莱山德和阿格西劳斯积累的财富正在迅速枯竭。长期挥霍和过度消耗开始产生影响。由于再也无法指望波斯的援金，斯巴达鞭长莫及，不能再掌控边远的领地。斯巴达必须专注于希腊大陆的冲突。在对外政策方面，传统上对于希腊本土的重视，以及一贯的审慎态度再一次成为斯巴达面对危机时的不二选择。

另一边的雅典却迎来了转机。为了感谢雅典海军司令科农及其手下协助波斯将斯巴达人驱逐出小亚细亚，波斯总督决定向雅典提供援助（黄金），雅典人得以重建城墙，并组建一支由 70 艘船组成的舰队。约公元前 388 年，特拉西布鲁将军

（Thrasybule）重新征服了爱琴海沿岸的许多城市和岛屿，包括塔索斯岛、萨摩色雷斯岛、列斯堡岛、希俄斯岛、哈利卡纳索斯岛和士麦那（Smyrne）。雅典再次控制了赫勒斯滂，意图重建逝去的海军帝国。

雅典的威胁迫在眉睫，斯巴达转而向锡拉库萨僭主狄奥尼修斯（Denys）和波斯国王阿塔薛西斯二世（Artaxerxès Ⅱ）求助。锡拉库萨随后同意向赫勒斯滂派遣20艘船，而波斯人又提供了大约30艘船，从而使斯巴达和雅典的舰队船只数量旗鼓相当。伯罗奔尼撒战争结束时所经历的苦难仍让雅典人记忆犹新，他们害怕战败，再次失去舰队，无法通过黑海补给粮食，最终顾虑重重的雅典被迫求和。

雅典人不想重蹈覆辙，而其他几个城邦也同样把希望寄托在和谈上，因为他们和斯巴达一样国库空虚，无力承受新的战争所带来的人力、物力上的损失（例如，波奥提亚同盟已经损失了3000多名重装步兵）。

公元前388—前386年，在苏萨、萨迪斯和斯巴达举行的谈判中，各主要城邦实力相当，这种均势起到了关键的制衡作用，最终各方签署了《大王和约》。该项和约基于每个城邦的自治原则，敦促希腊人之间停止敌对行动。希腊和波斯之间也由此迎来了和平，因为和约将塞浦路斯和小亚细亚的爱奥尼亚城市归为波斯帝国的属地，尽管这些地区保留了高度的政治、社会和经济自治。位于雅典和赫勒斯滂之间的几座小岛屿，即列姆诺斯岛、英布洛斯岛和斯基洛斯岛，由于其地理位置对于雅典的粮食供应至关重要，最终归属雅典。而科林斯不得不与阿尔戈斯断绝来往，阿尔戈斯又一次被孤立了。由于底比斯在尼米亚和科罗尼亚战败，其实力被削弱，《大王和约》正式将底比斯划入斯巴达的势力范围。

在希腊诸城邦中，斯巴达从《大王和约》中受益最多。斯巴达的竞争对手们都受到和约不同程度的制约，但伯罗奔尼撒联盟的领导斯巴达并未受到和约的质疑。斯巴达在希腊大陆的霸权被合法化，并得到了加强。尽管该项和约存在明显的不公平，但它是希腊历史上第一个在多方支持下签署的无限期全面停火（koiné eirene）协议。《大王和约》促使希腊城邦在相互尊重，而不是战争的基础上交往。这是第一次出现这样的理念，和约让签署国在经历了前几次严酷的战争之后得到了

公共和平以及永久性和平条约

公共和平（koiné eirene）这一术语取自和平女神厄瑞涅（Eiréné），她是宙斯和忒弥斯（正义和神圣法则的女神）的女儿，公元前 4 世纪初，这一概念在雅典传播开来。公共和平是一种普遍和平的尝试，在国际层面受到监管，所有国家都参与签署条约，而不用顾及国与国之间的防御联盟（epimachia）。

《大王和约》是第一个大范围的永久性和平条约，其基础是尊重城邦自治（无论其大小），目的是避免城邦之间因争霸而起冲突。波斯国王自称会保证各方遵守该条约（“我将与那些希望达成该协议的人组成统一战线，我们会提供船只和资金，向任何不接受该和约的人宣战，无论是在陆地还是在海上”）。然而，理论与现实之间显然存在着巨大的鸿沟；此类条约所规定的和平条件并不总能得到充分尊重。公元前4世纪末，永久性和平条约还包含了海上贸易自由以及海洋属于所有人的理念。

插图 怀抱着普路托斯(Ploutos)的和平女神，普路托斯是得墨忒耳（Déméter）之子，是富足的象征；原作创作于公元前370年左右，出自塞菲索多特斯（Céphisodote），图中雕像为罗马时期的复制品。现藏于慕尼黑古代雕塑展览馆（Staatliche Antikensammlungen Glyptothek，Munich）。

民事纠纷

虽然公元前5—前4世纪的许多希腊艺术品大多源自各种神话段落，但也折射出许多城邦内部发生的纠纷。最可悲的和最不光彩的冲突便是同胞间的自相残杀。

右图 公元前5世纪的陶器作品，描绘了关于阿喀琉斯手臂的争议，现藏于塔兰托考古博物馆（Musée archéologique, Tarente）。

喘息的机会。

但无论如何，阿塔薛西斯二世和他的总督们是《大王和约》最大的受益者，而且该和约是在波斯境内签署的（公元前386年在萨迪斯签署和约）。波斯人不仅获得了爱琴海的控制权，而且从此凌驾于希腊诸城邦之上，谁也无法再阻碍这个伟大的亚洲帝国。直至40年后，菲利普统治的马其顿强势崛起，此后希腊任何重大的政治行动都只有得到波斯的认可，甚至积极帮助才能达成。

尽管《大王和约》中的一些条款对底比斯非常不利，但最终底比斯还是被迫签署了协议。

底比斯的崛起

《大王和约》承认了奥尔霍迈诺斯独立，因此波奥提亚的西部边界打开了一个缺口，斯巴达的军队便可以借由此处定期进入该地区。底比斯还失去了多年来为其提供士兵和物资的领地，特别是普拉提亚。实际上，这意味着波奥提亚同盟的解散。

利用波奥提亚的政治分歧，一支斯巴达部队于公元前 382 年秋天进入了该地区。当时正在举办祭献得墨忒耳（Déméter）的庆祝活动，在波奥提亚亲斯巴达派系的帮助下，斯巴达占领了卡德米亚（Cadmée，底比斯的卫城）。斯巴达派近 1500 名士兵驻扎在此，

萨莫色雷斯的万神殿

这座圣殿供奉的是众神之母，每年夏天，萨莫色雷斯著名的秘密祭礼仪式都会在这里举行。该岛被雅典将军色拉西布罗斯（Thrasybule）征服，当时他正奉命为雅典重新称霸赫勒斯滂。

得墨忒耳及其节庆日

整个希腊都会举行祭祀农业和谷物女神得墨忒耳的仪式，特别是在厄琉西斯（Éleusis）。传说得墨忒耳与女儿珀尔塞福涅（Perséphone）走散，当她四处寻找女儿时，厄琉西斯国王塞勒俄斯（Céléos）在宫殿接待了她。虽然国王并不知晓她的女神身份，但依旧热情款待了得墨忒耳。原来珀尔塞福涅被哈迪斯绑走了。得墨忒耳非常难过，所有的田地便随之干涸了。得墨忒耳要求宙斯将女儿带回，宙斯不得已只能令珀尔塞福涅一年中有三分之一的时间与哈迪斯待在冥界，并在每年春天到来时与母亲一起返回。这就是为什么会有冬天，在这个季节农作物不会结果。这也是为什么每年夏末都要举行厄琉西斯的秘密祭礼：这些仪式将数千名信徒聚集在一起组成仪式队伍，他们必须走完雅典和厄琉西斯之间的20公里路程。抵达后，朝圣者禁食一天，喝一种由大麦制成的饮料(kykéon)，然后在一个巨大的多柱式大厅（télestérion）为得墨忒耳及其女儿举行仪式，整个过程充满了神秘和狂热。

右图　献给得墨忒耳、特里普托勒姆斯（Triptolème）和珀尔塞福涅的浮雕，这幅作品创作于公元前440—前430年，现藏于雅典国家考古博物馆。

❶ 特里普托勒姆斯　他是塞勒俄斯国王的儿子，当女神暂居厄琉西斯王宫时，特里普托勒姆斯帮助得墨忒耳寻找珀尔塞福涅。后来，他晋升半神，成为英雄。在荷马献给得墨忒耳的赞美诗中，特里普托勒姆斯被赞颂为厄琉西斯的杰出人物之一。

❷ 得墨忒耳　女神出于感激给了这个小男孩一把最先成熟的麦穗。随后，女神还会赐予特里普托勒姆斯一辆由龙牵引的有翼战车，他将驾着战车为整个大地播下种子。得墨忒耳又教授特里普托勒姆斯农耕技术，特里普托勒姆斯之后又将此项技术传授给了人类。

❸ 珀尔塞福涅　得墨忒耳的女儿代表了女性的美丽、善良和逆境中的顺从，在被哈迪斯绑架后成为冥界的女王。她抚摸着特里普托勒姆斯的头发，这是一种表达柔情和感激的姿态。

传播种子的女神

得墨忒耳不仅是大地女神（如盖亚），也是农业女神，她开创了谷物的种植和面包的制法。得墨忒耳为大地带来了生机，她还被奉为丰收女神（Karpophoros）和立法女神（Thesmophoros）。

插图　公元前6世纪阿提卡地区出品的陶器，刻画了拿着麦穗的得墨忒耳。

并派三位军事总督（斯巴达地方长官）在之后的三年多里随心所欲地统治这片地区。底比斯从此受制于斯巴达，并且必须参与其军事行动。底比斯公民则成为斯巴达统治者任意妄为的受害者。

显然，《大王和约》中规定的城邦自治原则已形同虚设。希腊舆论一致反对当时处于统治地位的斯巴达人的暴行。然而矛盾的是，底比斯人所遭受的屈辱却正是其重生的契机，同时也导致了斯巴达的衰落。底比斯社会的各个阶层无不充满着对斯巴达的怨恨。底比斯的寡头制也受到了冲击，因为制度本身成为入侵者压迫人民的工具。而民主派自诩可以保障底比斯自治。因此，他们向雅典寻求援助，试图推翻斯巴达的统治。

公元前 379 年 12 月，一个寒冷的夜晚，一场政变正在酝酿。一小群底比斯流亡者和雅典人伪装成农民和猎人，在精明的佩洛皮达斯（Pélopidas）带领下设法进入底比斯，而此时城内的斯巴达寡头正在举办私人宴会。反叛者出其不意地杀死了宴会中的一些人，然后释放了被关押在市民广场监狱中的 150 名囚犯。然后他们与其他自愿加入的底比斯人一起前往卡德米亚，驱逐斯巴达驻军。黎明时分，公民大会正式决定采用民主制取代寡头制。正如普鲁塔克在其著作《佩洛皮达斯传》（*Vie de Pélopidas*）中所写，革命领袖佩洛皮达斯、戈尔吉达斯（Georgidas）和埃帕米农达斯（Épaminondas）受到了公民的欢迎，“他们站在雷鸣般的掌声和呐喊声中，就像恩人和救世主一样”。

公元前 378 年和前 377 年的春季和夏季，斯巴达国王阿格西劳斯几次入侵波奥提亚地区，以回应底比斯驱逐斯巴达士兵。斯巴达人连续两年的入侵扰乱了底比斯的庄稼收割，给波奥提亚地区的诸多城镇带来了困扰。但在公元前 376 年，阿格西劳斯病倒了，斯巴达监察官决定起用另一个国王克莱昂伯罗图斯（Cléombrote），但是这位国王没有任何实战经验。克莱昂伯罗图斯在战场上犹疑不定、频频失误，佩洛皮达斯率领的底比斯军队由此重新获得了主动权，并驱逐了波奥提亚地区主要城市的斯巴达驻军。仅仅 3 年时间，佩洛皮达斯重新控制了哈利亚特、克罗尼亚、奇罗尼亚（Chéronée）、塔纳格拉、特斯匹伊和普拉提亚，其中普拉提亚因反抗底比斯的统治而再次遭受重创。

波奥提亚同盟得以重建，甚至比以前更强大。公元前371年年初，所有希腊城邦被召集到斯巴达，进行谈判，旨在签订一项新的和平条约，该条约将考虑到最新的事态发展，力图重新构建一个稳定的政治框架。其他城邦如今都将底比斯视为正在崛起的新霸权，必须不惜一切代价遏制。由于普拉提亚的毁灭，甚至连雅典也决意不再支持底比斯。

没有哪个城邦愿意置身于谈判之外。代表团来自希腊各地，包括锡拉库萨暴君老狄奥尼修斯和马其顿国王阿明塔斯三世（Amyntas Ⅲ）。然而，尽管出席人数众多，但由于斯巴达国王阿格西劳斯与底比斯大使埃帕米农达斯将军之间的激烈争执，大会以失败告终。年迈的阿格西劳斯要求将波奥提亚同盟中的“波奥提亚”一词替换为“底比斯”，以防止波奥提亚同盟在这次谈判中获得正式认可。与此同时，埃帕米农达斯非常清楚，应该竭尽全力团结波奥提亚地区的所有城镇。因此，他不允许此次和谈重蹈15年前《大王和约》的覆辙，造成新一轮的政治混乱。于是，埃帕米农达斯拂袖而去，条约最终成了一纸空文。

波奥提亚的同盟官和神圣军团

公元前379年和公元前362年，底比斯先后爆发了民主派革命以及曼提尼亚战役，这两起事件对于底比斯至关重要，而三位极具个性和指挥能力的人物在其中发挥了关键作用——佩洛皮达斯、埃帕米农达斯和戈尔吉达斯。这三人都被选为同盟官（军事和政治领导人），并且在底比斯称霸的17年间多次连任同盟官。

出身贵族的佩洛皮达斯过着舒适的生活。他在婚后养育了许多孩子，是一个社交能力很强的人，热爱运动，并且也是忠诚的朋友。普鲁塔克在书中写道，“他十分慷慨，乐于助人，他想要向世人证明自己是财富的主人，而不是财富的奴隶”（《佩洛皮达斯传》）。他年轻时便加入了民主派。卡德米亚被斯巴达占领后，佩洛皮达斯没有被迫流亡，也许因为斯巴达人认为他是可用之才，或是斯巴达人获知他有贵族血统。

埃帕米农达斯比佩洛皮达斯大 8 岁，两人性格迥异。埃帕米农达斯出身贫寒，一直以来生活俭朴：他拒绝利用朋友佩洛皮达斯的权力或慷慨。埃帕米农达斯年轻时受教于毕达哥拉斯学派哲学家塔兰托的吕西斯（Lysis de Tarente），吕西斯的教诲使得埃帕米农达斯热爱学习，养成了节俭饮食和穿着朴素的生活方式。尽管他从未掩饰对民主的厌恶，但这种想法并不妨碍他为城邦效忠。他一生未婚，也没有孩子。在卡德米亚被占领后，他也没有流亡异乡。也许是因为有人声称他与贵族过往甚密，或是他的俭朴做派让斯巴达人相信他只是一个乞丐。

公元前 394 年，佩洛皮达斯和埃帕米农达斯在科罗尼亚战役中并肩作战：一个 17 岁，另一个 25 岁。两人的性格虽不同但互补，而且他们都怀着强烈的爱国主义情怀，由此他们建立起了深厚的友谊，成了一辈子的朋友。他们惺惺相惜，作为城邦的领袖通力合作。两人都坚信只有强军，底比斯才能避免再次沦为奴隶。他们深知必须战胜斯巴达，因为这是底比斯人在和谈中占据有利地位的唯一途径，和平必须用武器来捍卫。

关于同盟官戈尔吉达斯的史料很少。公元前 378 年左右，他因创建神圣军团（hieros lochos）而声名鹊起，这是一个对底比斯至关重要的军事机构。根据普鲁塔克在书中的描述，“戈尔吉达斯首创了神圣军团，神圣军团由 300 人组成，他们要接受训练，由城邦支付所需费用，并为其提供在卡德米亚的住宿”。这 300 名武士不仅在身体上和精神上为战斗做好了充足的准备，他们还必须具有宗教献身精神。他们是正规军中的精锐部队，由城邦支付报酬，这在古希腊是十分罕见的。神圣军团的训练以两人分组训练为主，同组的两人通常有恋爱关系。

像希腊世界的所有社会一样，底比斯的法律和社会认为男同性恋是完全合法的。而且底比斯还大肆鼓励同性恋行为，认为同性恋将一个年轻人和一个成年人紧密联系起来，当他们同赴战场时，无论谁都不会在爱人面前表现出怯懦。由于士兵之间

底比斯神圣军团（hieros lochos）

普鲁塔克在书中写道，戈尔吉达斯建立了神圣军团，这支部队由同性恋战士组成。该团最初并入了波奥提亚联军，但之后在公元前 376 年左右，佩洛皮达斯重新召集了这支由同性爱人组成的部队，并作为精英军团。有时，佩洛皮达斯也会将其用作私人警卫。

正如普鲁塔克在《佩洛皮达斯传》中所说，这个以爱为基础的军团是不可战胜的，“对恋人而言，最担心的是被心爱的人轻视，因此他们会为了保护对方而去直面危险”。然而，作为由城邦出资建立的军团，除了用爱维系战友之情，他们还精通各类武器。这无疑是神圣军团战无不胜的关键所在。无论如何，40年来神圣军团从未被打败，直到公元前338年的科罗尼亚战役（波奥提亚的城邦），马其顿国王菲利普率领大军杀死了神圣军团300人中的250人。

右图 公元前500—前475年由马孔（Makkon）制作的陶器，表现了正在备战的重装步兵，现藏于巴黎罗浮宫博物馆。

身披盔甲的雅典娜

公元前 4 世纪的古希腊银币，展现了战神雅典娜的风姿，整个画面弥漫着危险的气氛，真实地反映了当时希腊城邦纷乱动荡的局势，现藏于剑桥菲茨威廉博物馆（The Fitzwilliam Museum Cambridge）。

存在着情感羁绊，他们能够更好地保护彼此。普鲁塔克断言，“由爱情组织起来的方阵将是牢不可破、坚不可摧的”。神圣军团的名字来源于一种信仰，即相信两人相爱是受到了神的指引，正如柏拉图在《斐德罗篇》（*Phèdre*）中所言，神圣军团是波奥提亚军队的先锋队。它是底比斯取得军事胜利的关键之一。

组队训练 这是底比斯神圣军团的特色之一。上图：萨拉米斯出土的陪葬石碑，表现了两个名为查德莫斯（Chairedemos）和里基斯（Lykeas）的重装步兵，现藏于比雷埃夫斯考古博物馆。

留克特拉战役

埃帕米农达斯拒绝签署基于阿格西劳斯国王所提条件的和平条约，这意味着波奥提亚和斯巴达之间的战争将继续。波奥提亚无法再获得盟军的任何援助，这就是为什么谈判一结束，监察官就立即命令克莱昂伯罗图斯国王立即率军攻打底比斯。公元前 371 年 7 月，10000 名斯巴达和盟军士兵穿过科林斯湾，在位于波奥提亚中部的留克特拉（Leuctres）平原扎营。

留克特拉战役中的战术创新

底比斯人埃帕米农达斯在留克特拉战役中引入了三项创新：将骑兵置于方阵前方而不是侧翼；加强左翼兵力，而不是按照传统加强右翼，以及将部队排列成斜线阵形进行攻击。

波奥提亚骑兵轻而易举地击溃了同属伯罗奔尼撒半岛的对手。斯巴达人撤回本方阵营时，出现了严重的混乱。对于步兵来说，组成一个50列的方阵是极具风险的，因为这么做就相应减少了阵线的长度（通常的方阵是8—10列）。底比斯人势如破竹，降低了斜线阵形的风险，他们有史以来第一次攻破了斯巴达方阵。埃帕米农达斯看到波奥提亚人的中路和右翼弱于敌军，他想出了一个绝妙的主意：斜线阵形可以推迟敌方主力进入战斗的时机，而此时本方则趁机集中优势兵力将对方一举歼灭。

右图 战术演绎图。

走向战场

上图：公元前500年左右制造的有把手的黑绘细颈长瓶，表现了重装步兵走向战场的过程，现藏于那不勒斯国家考古博物馆。有把手的细颈长瓶是一种窄颈宽口的陶瓷花瓶，用来存放保养身体的香油。

埃帕米农达斯率领的波奥提亚军队在人数上要少得多，只有大约7000名士兵，部队奉命即刻奔赴留克特拉。在留克特拉进行的战斗堪称军事战术的典范。战斗开始前，埃帕米农达斯将骑兵置于方阵前，而不是按照惯例置于侧翼。他认为胜负的关键点在敌人的右翼。斯巴达的12列纵队中，重装步兵主要集中在右翼，斯巴达人的战略是先包围对手，然后从侧翼发起攻击。于是，埃帕米农达斯决定将左翼方阵增至50行，由150对同性恋战士组成的神圣军团在佩洛皮达斯的率领下充当左翼方阵的先锋队。埃帕米农达斯还把底比斯军队排成斜

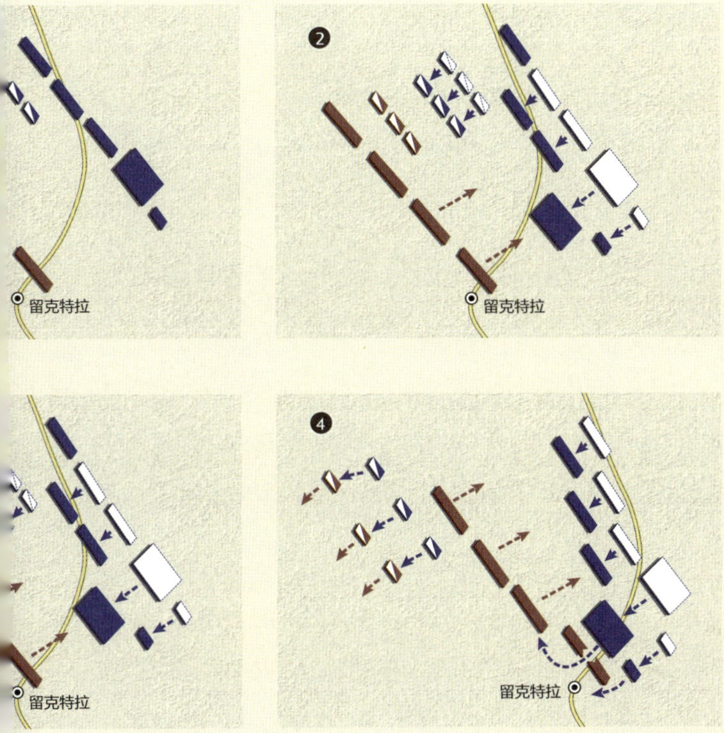

❶ **战前布阵** 战斗发生在留克特拉郊外；双方都把骑兵团置于方阵前。

❷ **开战** 底比斯军队向前推进，斯巴达右翼的重装步兵上前迎战。

❸ **底比斯人扰乱战局** 底比斯骑兵团的推进迫使敌方骑兵撤退至本方阵营后侧。

❹ **致命一击** 底比斯摆出斜线阵形，突破敌军方阵后绕至敌军后侧，将其全面包围。

底比斯军队
斯巴达军队
底比斯骑兵团
斯巴达骑兵团

形方阵，这是一个创举，即神圣军团凸出整个部队方阵200米。因此，当底比斯人相对脆弱的右翼与敌方方阵对战时，由60名重装步兵排列而成的50行左翼方阵将在埃帕米农达斯的率领下击溃敌军右翼。

战斗伊始，娴熟的底比斯骑兵轻而易举地击溃了斯巴达骑兵，迫使他们逃回本方阵营。就在那时，底比斯左翼冲杀上阵。克莱昂伯罗图斯的军队未能及时赶来救援，左翼部队趁乱歼灭了斯巴达人，为底比斯赢得了最终的胜利。近千名斯巴达人横尸战场，其中包括国王克莱昂伯罗图斯本人和随行的700名士兵中的400名。

斯巴达陆军从未在兵力势均力敌的情况下被击败过；更无法想象的是，他们传奇的重装步兵会被一支小规模军队击败。无论如何，斯巴达在留克特拉的溃败暴露出其战略的僵化，三个世纪以来几乎没有一个城邦可以撼动斯巴达的霸权地位，然而面对埃帕米农达斯、佩洛皮达斯和戈尔吉达斯在此次战役中的创举，以往陈旧的排兵布阵显然已经过时了。

此战大捷不仅要归功于这三位统帅的战略创新，波奥提亚军队的积极备战也同样功不可没，特别是骑兵团和神圣军团。希腊历史的一个新阶段开始了。之所以霸权易主，一方面是因为底比斯人的无畏和果敢，另一方面则是因为其对手在社会和军事上的衰落。斯巴达的统治一直以武力为基础，与公元前 5 世纪的雅典相比，斯巴达在文化或经济方面不具备影响力。因此，留克特拉的溃败很快导致斯巴达的衰败也就不足为奇了。

斯巴达人口衰退引发了重重弊端，反之又进一步加剧了人口下降，两者互为因果，形成恶性循环，而在这次惨败之后，斯巴达已无力挽回人口锐减的局面。公元前 479 年,斯巴达曾派出 5000 名士兵前往普拉提亚与波斯决一死战。公元前 418 年，正值伯罗奔尼撒战争期间，斯巴达在曼提尼亚战役时还有 3500 人。但在留克特拉战役，斯巴达只剩下 700 人，其中 400 人阵亡，即斯巴达 1/3 可携带武器的成年公民数量。面对如此严重的人口骤减，阿格西劳斯不得不提议修改法律，停止剥夺战败的将士的完整公民身份（然而留克特拉战役的 300 名幸存者并未因此而摆脱遭受屈辱和被社会边缘化的命运）。

斯巴达的衰亡

留克特拉战役后的第二年,埃帕米农达斯巩固了底比斯在波奥提亚的统治地位。奥尔霍迈诺斯是最后一个投降的城市。底比斯由此获得了希腊中部所有地区的控制权。随后底比斯入侵伯罗奔尼撒半岛，获得了爱利斯、阿尔戈斯和阿卡狄亚等城市的支持。底比斯在伯罗奔尼撒半岛集结了 40000 名重装步兵和 30000 名步兵，奔赴刚刚经历溃败的帝国中心——斯巴达。斯巴达从未修筑过城墙，面对来势汹汹的敌军，城里的居民十分惶恐。当他们看到这支大气磅礴的大军没有围困城市，而是继续前行时，才松了口气。然而，埃帕米农达斯下令将欧罗塔斯山谷的几处村庄夷为平地，并摧毁了斯巴达的海军军火库。

公元前 369 年年初，埃帕米农达斯率军抵达美塞尼亚，他释放了那里的黑劳士。他下令建造美塞尼城（Messène），给了美塞尼亚人一个安居之所。美塞尼亚人被斯巴达奴役了 400 年，其间爆发了无数次起义，但都以失败收场，如今美塞尼亚人终于摆脱了奴隶的身份，这都要归功于埃帕米农达斯。埃帕米农达斯为被解放的美塞尼亚人，以及所有流亡希腊各地的美塞尼亚人，在传说中的伊托姆（Ihtômé）山脚下建立了一座新的城邦，从此这座城邦将受到底比斯驻军的庇护。斯巴达因此失去了三分之一最肥沃的领土。但更严重的是，斯巴达的整个经济剥削体系就此崩塌。少数斯巴达人留在了美塞尼亚，他们失去了掠夺来的土地，以及为其耕种的黑劳士，从此陷入困苦，或成为雇佣兵。

斯巴达的陷落在伯罗奔尼撒半岛开启了一段混乱时期，民主派重新起势，引发了一系列叛乱，随之而来的便是暗杀、流放和财产没收。例如，在阿尔戈斯，1000 多名公民在冲突中丧生。从那时起，斯巴达统治者别无选择，只能向宿敌雅典求助。公元前 369 年春天，为了遏制底比斯的扩张，斯巴达和雅典结盟。锡拉库萨僭主狄奥尼修斯派遣了 2000 名高卢和伊比利亚雇佣兵，以表明他对斯巴达的支持。同年秋天，他们击溃了埃帕米农达斯，但这只是一场小规模的战斗。国库空空的斯巴达人再也无法阻止雇佣兵的离去。

关于雇佣兵，发生在老国王阿格西劳斯身上的事情很能说明问题。虽然阿格西劳斯已年过八十，但他却只身前往小亚细亚，为一个反抗波斯的总督充当雇佣兵。他的任务是筹集资金以图夺回美塞尼亚，并重建斯巴达。老国王随后又前往埃及，法老特奥斯（Téos）给了他 230 塔兰，作为交换，阿格西劳斯将支持埃及脱离波斯帝国的控制。在返回斯巴达的途中，阿格西劳斯在北非海岸遭遇风暴，船只沉没。阿格西劳斯的遗体由蜡封裹，被送回了国王的家乡，斯巴达为其举行了一场隆重的葬礼。古典时代斯巴达最后的象征至此消失殆尽。

矿业和金银器业：金器、银器和铜器

采矿在古希腊非常重要。古典时期，主要的矿藏掌握在雅典手中：色雷斯海岸安菲波利斯地区的金矿，以及阿提卡南部劳里昂的含银铅矿。这些矿藏属于城邦，但富有的公民可以通过支付租金获取特许开采权。这些富有的特许经营者利用成千上万的奴隶，让他们在恶劣的条件下生活和工作。金银器物由拥有自由身份的工匠和居住在雅典的外国侨民制作，其中一些作品堪称杰作。右图：创作于公元前350年的“德尔维尼双耳爵”，1962年出土于塞萨洛尼基（Thessalonique）附近的德尔维尼（Derveni）墓葬，现藏于塞萨洛尼基考古博物馆（Musée archéologique, Thessalonique）。

冶金

主要的冶金工作是制造青铜武器（盾牌、头盔、剑、绑腿），青铜是由铜（塞浦路斯的铜矿资源非常丰富）和从北欧运来的锡制成。上图：公元前480年制作的陶器，表现了当时的冶金作坊，现藏于柏林古董收藏馆（Antikensammlung, Berlin）。

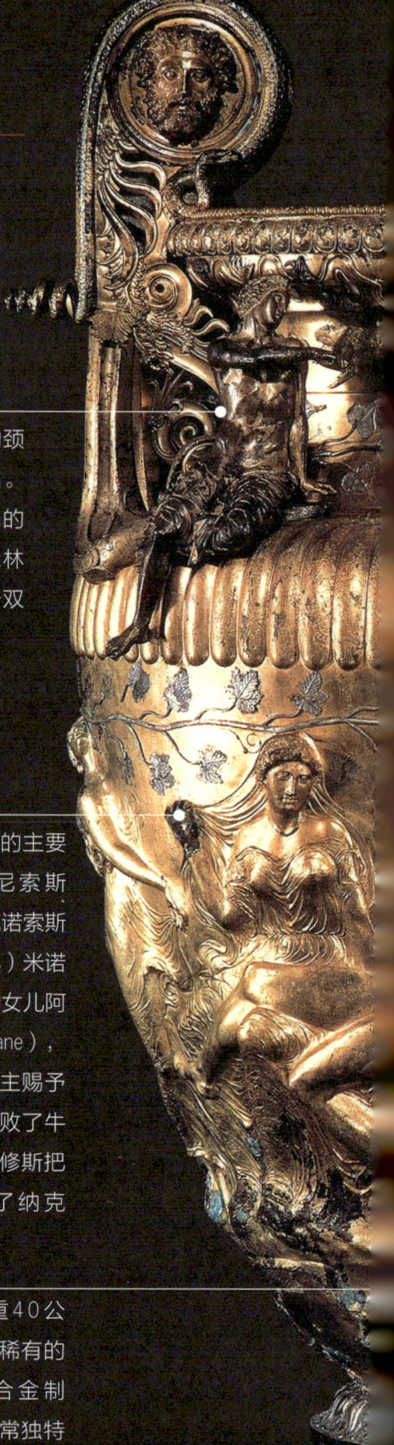

双耳爵的颈部附有装饰品。在器皿最鼓凸的部位，四个森林之神分别饰于双耳的两侧。

双耳爵上的主要人物是狄俄尼索斯(Dionysos)和克诺索斯国王（Cnossos）米诺斯（Minos）的女儿阿里阿德涅（Ariane），忒修斯拿着公主赐予的剑和线球击败了牛头怪，之后忒修斯把公主遗弃在了纳克索斯。

双耳爵重40公斤。它由一种稀有的青铜和锡的合金制成，赋予其非常独特的金色色调。

双耳的内侧刻有两张脸，似乎是奥林匹斯诸神中最强大的宙斯及其兄弟冥界之王哈迪斯。

双耳爵通常用于混合酒和水，但德尔维尼双耳爵还具有丧葬功能：存放一男一女的火化遗体。

一位塞萨莉亚贵族及其妻子的名字出现在存放其遗体的器皿上：“阿斯蒂安，阿纳克萨哥拉斯之子，拉里萨”（《*Astion, fils d'Anaxagoras, de Larissa*》）。取出的骨灰和骨头重达2公斤。

希腊对其他地区的影响

地球上所有可居住的地区（已知世界），即从地中海西部的伊比利亚到黑海以北的斯基泰(Scythie)，由于希腊商人的贸易活动，给这些地区的艺术和习俗带来了影响。

金罐 公元前4世纪的作品，表现了一个斯基泰战士在帮助一个战友，这是一个充满勇气和人性的场景。现藏于圣彼得堡冬宫博物馆（musée de l'Ermitage, Saint-Pétersbourg）。

梳子的装饰 公元前4世纪的作品，即使最平凡的物品也装饰有颂扬士兵的图案。现藏于圣彼得堡冬宫博物馆。

第二次曼提尼亚战役

上一次曼提尼亚之战（公元前 418 年）正值伯罗奔尼撒战争最激烈的时期，而 56 年后，即公元前 362 年，斯巴达和雅典的大军再次身处曼提尼亚平原（阿卡狄亚）。在上一次战斗中斯巴达国王阿吉斯击败了雅典人，而这次其同父异母的弟弟阿格西劳斯二世则与雅典结盟，试图合力击败底比斯人。

对战双方的部署和战术与留克特拉战役非常相似。❶ 斯巴达联军方阵成直线排列。斯巴达率领的部队排成一列，骑兵团置前。❷ 底比斯军队方阵成斜线排列。埃帕米农达斯命令骑兵率先发起进攻，而他率领的轻步兵占领了敌人右翼的一座小山丘，阻止了雅典人试图从那边实施包围战略。底比斯将优势兵力集中在左翼，并采取斜线阵形进攻，迫使斯巴达人陷入困境，而埃帕米农达斯的意外死亡使其部下惊慌失措，最终导致底比斯失利。

右图 18世纪创作的版画，显示了两军在曼提尼亚平原的兵力部署。

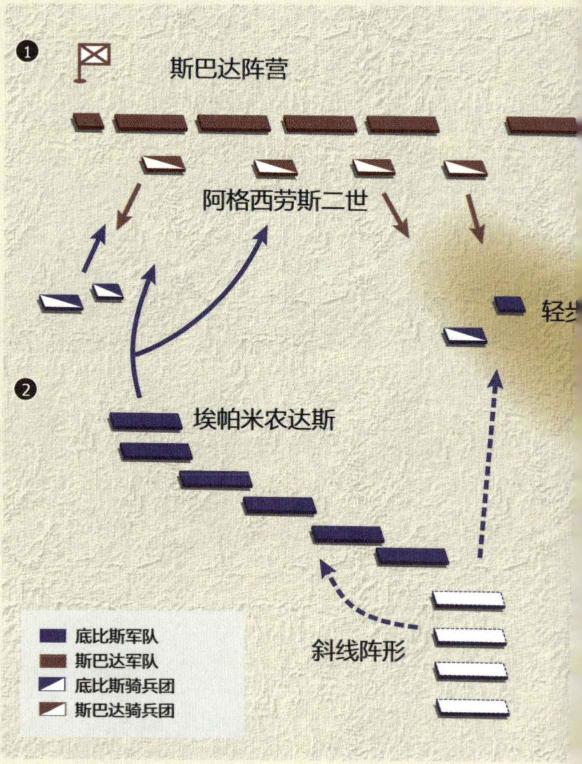

为了巩固其霸权地位，底比斯需要波斯的支持。这就是佩洛皮达斯在公元前 367 年前往苏萨的原因。他向波斯大帝提及了底比斯的实力，及其在米堤亚战争期间对波斯的援助。佩洛皮达斯赢得了阿塔薛西斯二世的赞赏，两人签署了一项条约，确认底比斯今后将取代斯巴达获得波斯大帝的支持。回程途中，佩洛皮达斯在马其顿稍作停留，与马其顿国王亚历山大二世签订了另一项重要协议。然后，佩洛皮达斯继续前往色萨利，试图以

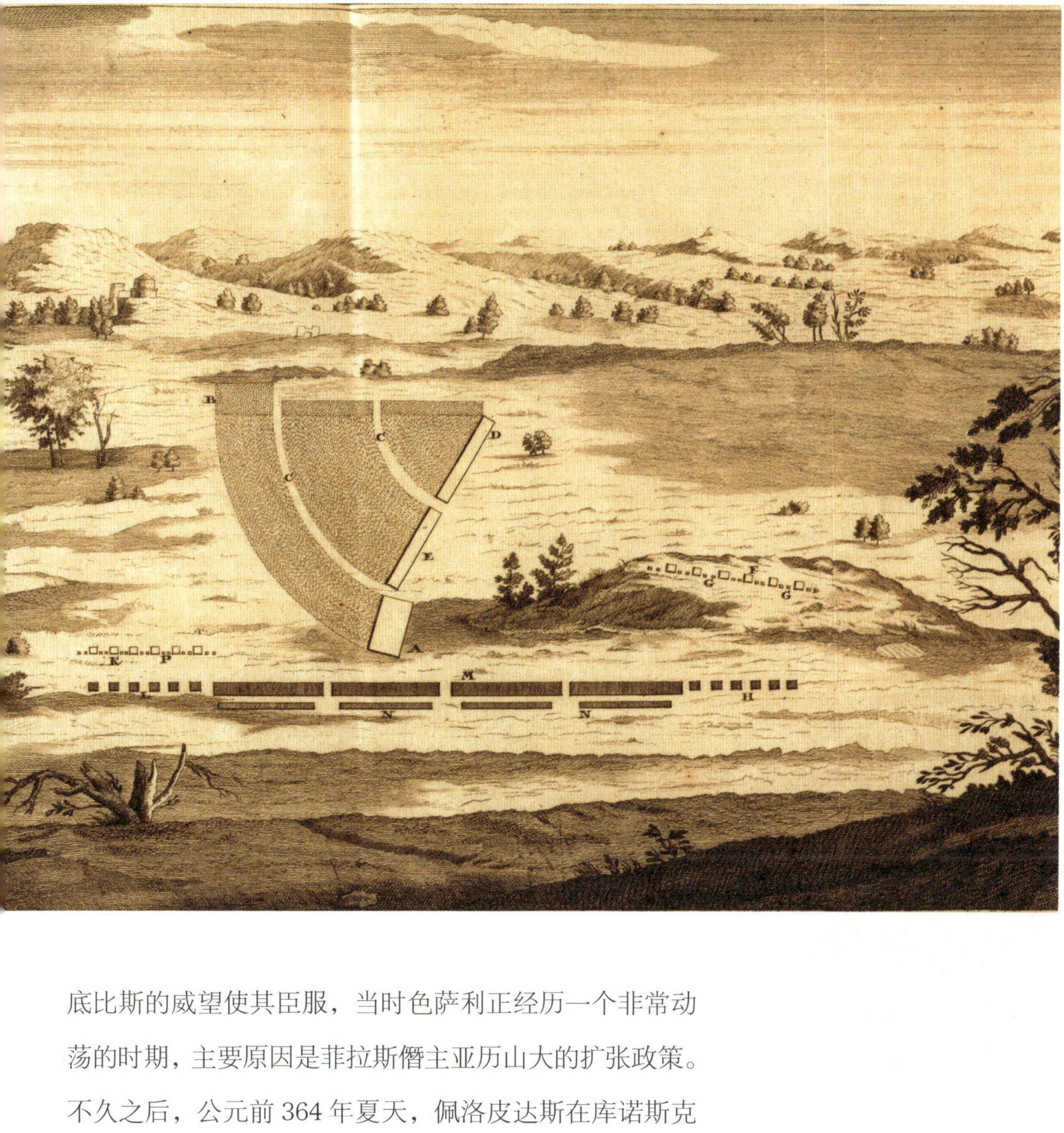

底比斯的威望使其臣服，当时色萨利正经历一个非常动荡的时期，主要原因是菲拉斯僭主亚历山大的扩张政策。不久之后，公元前 364 年夏天，佩洛皮达斯在库诺斯克法莱（Cynoscéphales）战役中击败了菲拉斯的军队，但他本人却在战斗中阵亡。

埃帕米农达斯对伯罗奔尼撒半岛发动了四次突袭。公元前 362 年夏天，底比斯在阿卡狄亚发动最后一次突袭，而此时由希腊主要城邦组成的两个联盟正在开

波奥提亚同盟和底比斯霸权

波奥提亚与阿提卡各自的领土面积不相上下。然而，不同于雅典统一阿提卡建立帝国，波奥提亚的城邦都各自为政。每个城邦的气质不同，加之城邦间的利益冲突，从而使得波奥提亚无法实现统一。这就是为什么在公元前4世纪末波奥提亚建立了同盟，以便该地区的同族群体可以在政治上团结起来。然而，这绝非易事。

这个结构复杂的同盟被命名为“波奥提亚同盟”，聚集了11个城邦：底比斯、塞普斯、奥尔霍迈诺斯、塔纳格拉、海西亚（Hysiai）、奇罗尼亚、科派斯、阿克拉菲亚（Akraiphia）、莱瓦贾（Livadiá）、科罗尼亚和哈利亚特。所有这些地区都由当地寡头政府统治，并根据其人口每年向同盟（军队、财政部、委员会和法院）支付盟金。很明显，如果没有波奥提亚同盟，每个城邦都无法摆脱毗邻民主城邦的影响，更不用说称霸希腊。这就是为什么在留克特拉战役获胜后，针对一些地区仍不愿意臣服于底比斯的局面，身为同盟官的埃帕米农达斯花了一年多的时间迫使这些地区最终妥协。奥尔霍迈诺斯是通往希腊中部地区的交通要道，公元前370年倔强的奥尔霍迈诺斯成为最后一个向底比斯屈服的城邦。

左图 公元前460年左右阿提卡地区出品的陶器，献给传说中的奥尔霍迈诺斯国王阿塔玛斯（Athamas），现藏于雅典国家考古博物馆。

战。一方是再次结盟的斯巴达和雅典，还有阿哈伊亚（Achaïe）、埃雷和曼提尼亚；另一方是波奥提亚、美塞尼亚、阿尔戈斯、泰吉和阿卡狄亚，双方分散的兵力最终聚集在迈加洛波利斯（Mégalopolis）。这座城市刚建立不久，目的就是在斯巴达的北部边境筑起防线。两支强大的军队，各有20000多名重装步兵。两军在曼提尼亚平原上对决，埃帕米农达斯部署了与留克特拉非常相似的战术。形势对底比斯而言似乎是有利的，一切按计划进行，但当骑兵团和神圣军团势不可当地冲杀敌人方阵时，奋战在前线的埃帕米农达斯却受到了致命一击。混乱随即在波奥提亚联军中蔓延，原本胜利就在眼前，结果却功亏一篑。

曼提尼亚战役之后，波奥提亚联盟的实力被削弱。两位主要领导人佩洛皮达斯和埃帕米农达斯在战斗中阵亡（戈尔吉达斯可能在留克特拉战役之前就死了），底比斯已难掩颓势。几十年来，底比斯与其他希腊城市一样，投入了大量资源来巩固其统治地位：而希腊实际上已经走到了尽头。

在底比斯霸权的鼎盛时期，即公元前 368—前 365 年，一位名叫菲利普的年轻马其顿王子在底比斯做质子。马其顿国王亚历山大二世与强大的底比斯签订了结盟条约。为了确保条约的履行，底比斯的统治者要求马其顿将年轻的贵族派往底比斯作为人质，其中包括国王的弟弟菲利普。公元前 359 年，当菲利普登上马其顿王位时，他运用在底比斯学到的军事技术巩固了自己的地位，并认为眼下是称霸希腊的最佳时机。三年后，当史称“第三次神圣战争”爆发时，马其顿从底比斯人手中夺走了霸权。

城邦制的终结

色诺芬的《希腊史》以曼提尼亚战役作为书的结尾，或许是因为他觉得希腊历史上的一个重要阶段即将结束。从历史的角度来看，确实可以说曼提尼亚战役标志着希腊辉煌的古风时期和古典时期的终结，1000 多个或多或少独立的城邦曾因为宗教、文化和语言的联系组成了一个共同体，此刻也宣告终结了。这种分裂的政治体系很快就会被霸权统治所取代。

自伯罗奔尼撒战争以来，希腊人就陷入了自相残杀的境地。每当希腊城邦趋于衰落时，波斯就会趁机介入，试图控制整个希腊。因此，经过 70 年几乎连续不断的冲突，斯巴达和底比斯相继陨落，这清楚地表明希腊迫切需要在国家、社会和经济层面进行重组。

一些人意识到，如果希腊继续城邦制，城邦之间便注定会根据时局的变化不断结盟或改变阵营，而其目的不过是遏制当下崛起的新兴力量，那么希腊人渴望的和

埃帕米农达斯之死

艾萨克·瓦尔拉文（Isaak Walraven，1686—1765）创作的油画，描绘了公元前362年，在曼提尼亚与斯巴达人的战斗中，身为波奥提亚同盟领袖的底比斯将军埃帕米农达斯伤重不治的场景，现藏于阿姆斯特丹国家博物馆。

平便永远不会实现。城邦，或称城市国家，已走到了尽头，它无法满足社会各组成部分的基本需求。随着泛希腊主义的兴起，各个城邦的内部事务逐渐失去了重要性。亚历山大大帝去世后，由马其顿建立的希腊化君主制彻底取代了城邦制。

城邦制是一种共存模式，在公元前4世纪左右逐渐退出了历史舞台。城邦制在很长一段时间发挥着非常重要的作用。无论采取何种政体，城邦的统治阶级确实是公民中最高贵的代表，而城邦的公民同样是最高贵的群体，城邦制对于国家概念的设想也是极尽完善和细致的。城邦制下的希腊人奉行政治自由和个人自由，而不是在东方占主导地位的专制主义。西方文明是建立在城邦和法律面前人人平等这两个基础之上的。城邦制的影响深远，无论是之后取而代之的霸权主义还是超级帝国都无法超越。

神庙之谷

位于阿格里真托考古区的赫拉神殿遗址。

插图（右侧） 蛇发魔女戈耳工的雕塑作品，创作于公元前4世纪，现藏于锡拉库萨考古博物馆。

西西里对战迦太基

公元前 4 世纪是西西里历史上较动荡的时期之一。老狄奥尼修斯花费巨大的人力、物力和财力将锡拉库萨打造成一个强国。其后，他的儿子小狄奥尼修斯继位，但是新王的舅舅狄翁（Dion，柏拉图的弟子）觊觎王位，而小狄奥尼修斯无法遏制狄翁的野心，最终由科林斯人蒂莫莱翁（Timoléon）结束西西里 60 年的内忧外患。

如果要全面了解公元前 4 世纪的希腊，就有必要将目光转向西西里岛和意大利南部。事实上，分布在这片广阔领土上的希腊城镇在经济、政治、军事和文化上都具有重要意义，尤其是锡拉库萨，它与斯巴达、雅典和底比斯一起成为希腊的主要城邦之一。

公元前 8 世纪左右，腓尼基人已经开始在西西里沿岸定居，甚至略早于希腊大

人口稠密且富裕的塞利农特

塞利农特位于西西里岛东海岸，是隶属于墨伽拉希布利亚（Megara Hyblaea）的一个殖民地，而墨伽拉希布利亚则是希腊大陆墨伽拉（Mégare）的殖民地。塞利农特始建于公元前7世纪末，位于贝利切河（Belice）和莫迪奥内河（Modione）两河河口的交汇处，地理位置极具战略性。

塞利农特的城市规划中规中矩，建有许多公共建筑和疏散通道。公元前5世纪中叶，人口约为25000人。这座城邦位于贝利切河和莫迪奥内河的两河河谷之间，考古发现在塞利农特之前此处已有人类活动的痕迹。与希腊殖民时期的其他城邦一样，塞利农特有不少神庙，其中最主要的是阿波罗神庙，此外还有一个神庙群用以供奉其他的神，如宙斯、赫拉和雅典娜。这座城邦的巨大财富很快引起了邻邦的觊觎。作为希腊人在西西里最西端的殖民地，塞利农特很快成为迦太基人的目标：公元前409年，汉尼拔将军攻占塞利农特，他下令拆除了城墙，大多数塞利农特人在此战中罹难，其余人则沦为奴隶。

西西里的胜利

上图：希梅拉胜利神庙的狮子形状檐沟，此座神庙是为了纪念公元前 480 年夏天打败迦太基人而建。

陆城邦在那里的殖民活动。随着希腊人的到来，腓尼基人及其迦太基移殖民聚集在离迦太基最近的摩提伊（Motyé）和帕诺莫斯（Panormos）附近。他们与当地土著居民（伊利米人 Elymes、西坎人 Sicanes、西库尔人 Sicules）结盟，但与居住在该岛东半部的希腊移殖民关系则紧张且疏远。

公元前 6 世纪下半叶，西西里岛的人口不断增长，各方势力都觊觎岛上的谷物和原材料开采，由此而来的摩擦也增加了。公元前 480 年夏天，这种紧张局势直接导致北海岸希梅拉之战的爆发。吉隆和西伦（Théron）的军队（两人分别是杰拉和阿格

❶ **卫城** 它位于平原的一处高地，享有绝佳的海景，设有5座神庙，以及小型公共建筑和双层城墙。

❷ **北门** 尽管这座城市建有城墙，但在紧急情况下人们会前往卫城避难。经北门可通向卫城，这是其军事工程设计中的重要一环。

❸ **港口** 位于莫迪奥内河和贝利切河的河口，港口承担了与整个地中海地区的大量贸易活动。

❹ **城市** 它围绕广场而建，建有一个大柱廊、一个剧院和一个角力场。城市的主要街道都铺了石板。

❺ **耕地** 那些离城市最近的耕地往往最具价值，因为可以方便农场主管理耕地，而不必住在城外。

❻ **多立克柱式神庙群** 此神庙群包括希腊较大的神庙之一的宙斯神庙，以及旁边的赫拉神庙和雅典娜神庙。

里真托的僭主）击溃了迦太基人哈米卡尔·德·吉斯科（Hamilcar de Giscon）统率的强大军队。迦太基人在此战之后被限制在该岛的最西部达 65 年之久。

伯罗奔尼撒战争期间，锡拉库萨和雅典之间的可怕战斗使哈米尔卡的孙子汉尼拔·德·吉斯科将军（Hannibal de Giscon，他与公元前 3 世纪击败罗马的汉尼拔无关）认为，此时正是攻打西西里的理想时机。公元前 409 年春天，汉尼拔率军前往西西里岛西南部的塞利农特，他利用攻城车占领了这座城市，然后屠杀了大约 16000 名塞利农特人。然

锡拉库萨重要的历史时刻

公元前405年

老狄奥尼修斯 25岁被任命为军政统帅。

公元前390—前380年

战争 锡拉库萨和由意大利的希腊人组成的联盟发生冲突。

公元前355年

狄翁 老狄奥尼修斯的妻兄将小狄奥尼修斯赶下王位。

公元前344年

小狄奥尼修斯 逃亡至科林斯。锡拉库萨最终归于科林斯人蒂莫莱翁。

而，这场屠杀仍然没有平息他的怨恨，他随即将希梅拉夷为平地，并在他祖父被杀的地方处决了 3000 名囚犯。

锡拉库萨的狄奥尼修斯

3 年后，公元前 406 年的春天，迦太基将军汉尼拔和希米尔科（Himilcon）发起了一场新的杀戮远征，致使富裕的阿格里真托就此陷落。由西西里岛的希腊人和意大利的希腊人组成的希腊军队进行了抵抗，但相互之间的分歧导致军事战术难以贯彻和执行，抵抗最终以失败告终。然而，一位名叫狄奥尼修斯的年轻锡拉库萨军官在阿格里真托城墙前的英勇表现，备受人们关注。

在战败后举行的锡拉库萨公民大会上，狄奥尼修斯指控守卫阿格里真托的将军收受敌人贿赂，犯叛国罪。这几位将军随即被定罪。从此，这位年轻军官的人气不断攀升。他煽动人们攻击富有的锡拉库萨人，他指责这些富人懒惰，并指出正是这种态度导致了战场上的失败。他通过没收贵族财产、提高士兵待遇，获得了军队的支持。

在狄奥尼修斯遭遇一次谋杀未遂后，锡拉库萨公民大会为他配备了一支千人护卫队，并处决了他的主要政治对手。公元前 406—前 405 年的冬天，公民大会批准解散锡拉库萨的将军委员会，并赋予狄奥尼修斯军政独裁者（stratêgos autokratôr）的地位。年仅 25 岁的少年已经羽翼丰满。不久之后，他便实现了独揽大权，而且无须公民大会每年的任命便可连任。事实上，他已经成为“僭主”。

但这个专制政权初期便困难重重。公元前 405 年夏天，迦太基将军希米尔科包围了附近的杰拉。狄奥尼修斯立即从意大利和西西里其他地区招募军队，并雇用了数千名雇佣兵来抵御迦太基人的围攻。然而，尽管这是一支庞大的队伍——大约 30000 名步兵、1000 名骑兵和一支由 50 艘船组成的舰队——这位年轻的僭主还不得不将杰拉割让给兵力更为雄厚的迦太基军队。

在骑兵团占多数的锡拉库萨贵族利用杰拉战败在军队内部引起的不满，企图暗杀狄奥尼修斯。但狄奥尼修斯的雇佣兵护卫队挫败了此次暗杀。几队骑兵随后赶往

老狄奥尼修斯和小狄奥尼修斯：锡拉库萨的僭主

从公元前 405 年开始，老狄奥尼修斯采取铁腕政策统治锡拉库萨，公元前 367 年，据说老狄奥尼修斯在雅典诗歌比赛中获胜，但他却在庆祝活动中不幸离世。随即，其子小狄奥尼修斯继位，但是老狄奥尼修斯的妻兄狄翁于公元前 357 年率军登陆西西里岛发动政变，两年之后占领锡拉库萨，自立为王。不久后狄翁前往奥提吉亚岛，后被暗杀。公元前 345 年，小狄奥尼修斯重新夺回了王位，但是人民的不满最终迫使他于两年后逃往科林斯。

狄奥尼修斯家族统治锡拉库萨长达61年（公元前405—前344年）。尽管希腊民众明白，僭政在非常时期的确能够解决一些社会问题，只要它持续的时间被严格限制在一定范围内，但这种政治制度仍然遭到了抵制。伯罗奔尼撒战争造成的严重失衡成为僭政横行的深层原因，这是因为迦太基人让西西里岛成千上万的民众罹难，还造成了严重的损失。雅典远征西西里之后，西西里的希腊人实力渐衰，公元前409年迦太基人乘机登陆西西里岛。

右图 公元前405年锡拉库萨的硬币，这一年也是老狄奥尼修斯统治的开始。现藏于锡拉库萨考古博物馆。

锡拉库萨，他们抢掠了僭主的住所，狄奥尼修斯的妻子不堪凌辱最后自杀。狄奥尼修斯获知情况后，立即返回锡拉库萨平息暴动，他的支持者屠杀了实施暴行的始作俑者。

同年秋天，狄奥尼修斯与希米尔科签订了和约，展现了他的政治才能。公元前 405 年签署的和约承认迦太基此战获胜，至此岛上的关键地区都被划入迦太基的控制范围。西西里岛的西半部是希腊领土的一部分，被入侵的希腊城邦不得不向迦太基进贡，而那些依附于岛上希腊人的西库尔城镇则实现了自治。只有锡拉库萨不受迦太基人的统治。

和约明确规定锡拉库萨人仍然服从狄奥尼修斯。这进一步巩固了狄奥尼修斯的地位，因为一旦他被推翻，迦太基人可以遵照和约进行干预。

条约生效后，锡拉库萨公民大会的职权范围便仅限于批准僭主提出的措施或认可他已采取的行动。狄奥尼修斯在奥提吉亚岛（Ortygie）建造了一座宫殿，宫殿四周由一座巨大的城堡环绕，随后又修筑了一道坚固的堤坝连接城堡与锡拉库萨。狄奥尼修斯成为独裁者，如同东方神权专制主义的君主。宫殿卫兵禁止任何公民进入，除了僭主的亲信，他们占据了所有重要的行政官员职位。进入希腊化时代后，随着亚历山大大帝的去世，各希腊化王国纷纷推行君主制，与狄奥尼修斯的统治如出一辙。

为了防止公民起义，并为外交政策提供坚实的后盾，狄奥尼修斯雇用了数千名凯尔特人、伊比利亚人、伯罗奔尼撒人和意大利人。狄奥尼修斯还在军中成立了一个攻城部（专门从事攻城术），配备了最好的工程师和战斗器械。他加强了锡拉库萨舰队的实力，意图打造一支世界上最强大的舰队：400 多艘战舰，包括最新发明的五层桨战船（和三层桨战船一样有三层桨，但是三层桨战船每支桨由 3 个桡手操纵，其中两个坐在上层，另一个在下一层）。

狄奥尼修斯的军事政策开销巨大，为此他挖空心思筹措资金。他自称是阵亡将士子女的监护人，从而可以随心所欲地处置孤儿的财产；他处决、流放了许多贵族，没收了他们的财产，由此可以独占财产，多分一杯羹。他还从卡塔尼亚（Catane）和莱昂提尼等殖民地分出一些土地作为报酬支付给雇佣兵。狄奥尼修斯的主要财政来源是在远征期间积累的战利品，以及西西里土著、由锡拉库萨控制的希腊城市上缴的贡品。

狄奥尼修斯善于抓住民心进行统治，例如，他将国家财富的一部分重新分配给最贫穷的人；他还批准让大量岛上的原住民、被释放的奴隶和蛮族雇佣兵成为新公民（neopolitai），从而确保自己在公民大会的支持率；他还邀请最好的希腊建筑师来到锡拉库萨，甚至会戴上精致的面纱与文学艺术界的名人侃侃而谈。

对抗迦太基

从狄奥尼修斯成为僭主直至公元前 367 年病逝，他发动了四次对迦太基人的战争。50 年来，锡拉库萨控制的领土随着其征战的结果时而东移，时而西进。锡拉库萨在胜负之间徘徊：希腊人有时能将迦太基人赶到西西里的最西端，但随后迦太基人又收复失地，进而从陆地和海上围攻锡拉库萨。

希腊人之所以能获取胜利，往往是趁迦太基忙于解决内部冲突，或遭遇盟国叛乱，特别是利比亚（Libye）。在这种情况下，狄奥尼修斯会集结一支多达 80000 名步兵、3000 名骑兵和数百艘战舰的军队，

塞利农特与迦太基的关系

上图：E 神庙，或称赫拉神庙。塞利农特的历史变迁在一定程度上体现了西西里许多希腊城邦之间不稳定的关系。塞利农特由墨伽拉的希腊人建立，之前与锡拉库萨结盟。塞利农特的港口曾一度与迦太基人有密切的贸易往来；迦太基人觊觎塞利农特的财富及其战略地位。这也是为什么塞利农特多次被攻占。

跳水者之墓和帕埃斯图姆墓地

公元前7—前6世纪，锡巴里斯（Sybaris）的希腊人在意大利坎帕尼亚地区（Campanie）建立了波塞多尼亚（Poseidonia）。然而2个世纪后，这座城邦被邻邦卢卡尼亚(Lucanie)攻占，被更名为帕埃斯图姆（Paestum）。时至今日，帕埃斯图姆那些令人赞叹不已的考古遗址见证了这座城邦从希腊古风时期至罗马时期的辉煌。建造于公元前6世纪的三座多立克神庙尤其引人注目，而装饰墓地的绘画作品也堪称杰作。帕埃斯图姆最著名的墓地是约建于公元前470年的“跳水者之墓”，发现于1968年离古城1.5公里处。墓室的4个侧面和顶部由5块当地的石灰石厚板制成，置于岩石地面上，并采用类似于壁画的技术绘制图案。石板之间的连接经过精心抹灰，墓室内的画作保存完好。四面墙上绘有欢乐的会饮场景，而顶部的画面则不免令人困惑：一名年轻男子从高处一跃而下（帕埃斯图姆考古博物馆藏，Musée archéologique, Paestum）。

❶

送葬行列 仪式在墓地的一侧举行：情人（拄着拐杖）及其年轻的爱人（披着精致的蓝色披肩）在双笛的伴奏下前行。

❶ **石板** 覆盖墓室顶部的石板尺寸为215厘米 x 100厘米。上面的绘画十分生动。墓主人可能是一个年轻男子，并非死于战事，因为壁画上描绘的是墓主人的日常生活，而不是他的英勇善战。

❷ **跳跃** 对于壁画上跳跃的场景有过许多阐释。但有一种共识认为，跳跃很可能象征着年轻人放弃生命，勇敢地投入死亡世界的那一刻。水可能代表冥河，或是通往冥界之路。

❸ **背景** 用于跳跃的台，或许是年轻死者在达到高位的象征。然而男子赤身裸体，抛下有身外之物，这与男子拥有的地位以及画作而萧瑟的氛围形成了的对比。画作的背景在展现冥界，因此才沙漠般荒凉。

卢卡尼亚地区的墓地

卢卡尼亚人属于萨姆尼特部落，是古意大利人的一个分支。公元前4世纪初，卢卡尼亚入侵波塞多尼亚，而希腊人早在3个世纪前便开始与卢卡尼亚人通商，并长期保持着良好的睦邻关系。因此，卢卡尼亚的风俗习惯和艺术表现极具希腊特色。希腊人的墓葬通常建在城外，靠近连接城市的小路。卢卡尼亚贵族正是在帕埃斯图姆的陵墓区建造了墓地，墓室内挂满了画作，随葬的贵重物品不计其数，墓主人以此希冀生前积累的社会声望在死后也可永续。现藏于帕埃斯图姆考古博物馆。

阿格里真托的青年男子

这座雕像的历史可以追溯到公元前 480 年。它可能是由帕罗斯的大理石制成，这是一件非常有价值的艺术品，尽管今天的我们并不知道这座雕塑表现的是谁。现藏于阿格里真托考古博物馆（Musée archéologique, Agrigente）。

再加上攻城器械，大军所到之处几乎不会遇到什么抵抗。然而，当迦太基人再次派遣大军前往西西里时，军队人数会超过锡拉库萨的人数。两军对垒规模之大超乎想象，通常迦太基人更胜一筹。

西西里人对狄奥尼修斯的支持率与其在战争中的得失一样会有所波动。如遇战败，狄奥尼修斯的一些反对者便会大声疾呼，说对迦太基的战争只是僭主想要继续掌权的借口。他们还指责狄奥尼修斯是一个比所谓的敌人更麻烦的统治者，因为迦太基人允许西西里的一些城镇实行自治，仅需每年上缴贡品即可。而狄奥尼修斯则杀死或奴役政敌，并且没收他们的财产。尽管如此，僭主仍坚持不懈地寻找新的生财之道。公元前 392

年，锡拉库萨与迦太基开始了一段持续10年的和平时期。狄奥尼修斯利用这个机会，率领舰队穿越墨西拿海峡（Messine），入侵意大利半岛最南端的卡拉布里亚（Calabre）。这个地区确实非常令人垂涎，其所处的战略地位对于控制海峡十分有利，它盛产可用于建造船只的木材，而且还汇聚了不少繁荣的希腊城市。因此，当地的居民，即意大利的希腊人，组成了一个防御联盟，以应对锡拉库萨人和土著人（古意大利人）的双重威胁。该联盟以克罗顿（Croton）为首，并得到了图里奥伊、赫拉克里亚、梅塔蓬（Métaponte）、埃雷和瑞吉姆（Rhêgion）的支持。

公元前390—前387年，狄奥尼修斯发动了一场与

希腊城邦塞杰斯塔（Ségeste）

塞杰斯塔的剧院是西西里保存较完好的剧院之一。这座城邦最初由西西里三大部落之一的伊利米人建立，伊利米人后来成为塞利农特的死敌；双方为争夺该地区的海上霸权而冲突不断。

意大利的希腊同盟的战争。他最终取得了胜利，从此控制了海峡和卡拉布里亚的大部分地区。他在第勒尼安海（Tyrrhénienne）和爱奥尼亚海之间竖起了一道屏障，以划定其在意大利的领地，并选择洛克里（Locres）作为首府，以奖励这座城市对锡拉库萨的忠诚。

此后，狄奥尼修斯更进了一步，他在亚得里亚海（Adriatique）建立了一个强大的殖民帝国，科林斯和克基拉的商人不得不将这片海域拱手相让。

狄奥尼修斯死后，他的长子继位成为僭主。小狄奥尼修斯于公元前 358 年颁布了两项政策，首先他赦免了许多流放者和政治犯，其次与迦太基人签署和平条约，以维持现状为前提，将西西里岛的领土进行了划分。这两项政策落实后，小狄奥尼修斯便长居洛克里。小狄奥尼修斯统治的头十年，他维持着从父亲那里继承下来的帝国。

新僭主还算精明，但没有他父亲的魅力，也不如他父亲有能耐。事实证明，小狄奥尼修斯无法处理内部紧张的政治局势，尤其是面对狄翁的威胁。狄翁是老狄奥尼修斯其中一个妻子的兄长，非常有影响力。此外，他还积累了相当多的政治经验。他凭借自己的才干和对老狄奥尼修斯的忠诚，获得了人们的敬佩。作为锡拉库萨最富有的人之一，狄翁却秉持简朴的生活方式，并因此受到众人的推崇。公元前 388 年，柏拉图第一次访问西西里岛，狄翁正是在柏拉图的影响下才开始变得节制。哲学家的智慧令狄翁深深折服，他成为柏拉图忠实的弟子。柏拉图的学说在狄翁的圈子中颇具影响力，以至于老狄奥尼修斯指责这位哲学家腐蚀青年，柏拉图的老师苏格拉底曾因为同样的指控于公元前 399 年被判处死刑。老狄奥尼修斯差点下令处决柏拉图，但他改变了主意，将他作为奴隶卖给了商人。

公元前 366 年，在老狄奥尼修斯去世几个月后，狄翁便说服了小狄奥尼修斯赦免柏拉图，他声称柏拉图会提高僭主在锡拉库萨人心中的威望。事实上，狄翁试图重拾失去的影响力，他向柏拉图承诺会将他的一些政治理论付诸实践，而且把小狄奥尼修斯说成一个缺乏经验且性格顺从的僭主，柏拉图被狄翁的说辞迷惑了。但结果事与愿违，小狄奥尼修斯断然拒绝采纳柏拉图提出的改革方案。双方就此埋下

柏拉图在西西里的失败

我们不知道柏拉图对于在锡拉库萨实践他的政治思想抱有多大的希望。但无论柏拉图的计划是什么，最终都宣告失败。公元前 388 年，柏拉图第一次来到西西里，锡拉库萨的僭主老狄奥尼修斯拒绝了他的提议，并将他送进监狱。

不幸的是，牢狱之灾并不是麻烦的终结。当柏拉图终于能够离开锡拉库萨时，他乘坐的船中途停靠埃伊纳岛，当时埃伊纳岛正在与雅典交战。他被迫沦为奴隶。幸好他的朋友昔兰尼的安尼塞里斯（Annicéris）花重金赎回了他。尽管经历了这些苦难，柏拉图还是一丝不苟地研究老狄奥尼修斯实施的僭政，这些研究对于多年后《理想国》和《法律篇》的撰写提供了许多素材，而这两部作品正是柏拉图政治思想的集大成之作。老狄奥尼修斯死后，在狄翁的游说下，柏拉图得以两次重回锡拉库萨（公元前367—前365年和公元前361年），遗憾的是他没能说服小狄奥尼修斯。尽管如此，柏拉图在西西里逗留期间，与毕达哥拉斯（Pythagore）、埃姆培多克勒（Empédocle）或芝诺（Zénon）的杰出弟子进行了交流，他从中受益颇多。

右图 柏拉图半身像，罗马帝国时期的复制品，现藏于巴黎罗浮宫博物馆。

了心结，还引发了小狄奥尼修斯对狄翁的猜忌。不久之后，狄翁被指谋反，不得已踏上了流亡之路。

后来，柏拉图第三次前往锡拉库萨，试图缓和狄翁和小狄奥尼修斯之间的矛盾，但这两人已势不两立。公元前 355 年，愤愤不平的狄翁在其流亡地召集了一支军队。这支军队由雇佣兵、流亡者组成，还有一群来自柏拉图学园的哲学家，大军启航前往西西里岛，并在赫拉克利亚米诺亚（Héracléa Minoa）登陆。

当时身在洛克里的小狄奥尼修斯没能阻止狄翁在锡拉

库萨夺取政权。狄翁声称要创立一个哲学王国，以此为这场叛乱辩护，但他建立了一个比以前更嗜血的暴政。幸运的是，新僭主命短：柏拉图学园的成员之一，也是曾帮助狄翁发动政变的雅典人卡利普斯（Callipe）在希腊雇佣兵的支持下暗杀了狄翁，随即便自立为新的统治者。

蒂莫莱翁

狄翁被暗杀后，锡拉库萨陷入了混乱，致使锡拉库萨丧失了在西西里岛的希腊城市和卡拉布里亚的控制权，许多地方僭政由此形成。狄翁的侄子在锡拉库萨掌权7年。但在公元前347年，小狄奥尼修斯从意大利返回并重新控制了奥提吉亚宫。然而，他已经没有足够的人力和物力去收复失落的帝国。绝大多数公民背弃了他；普鲁塔克认为，即使过去小狄奥尼修斯“算不上是个好君主，而此时的他已变得极其残忍”。

公元前344年，被小狄奥尼修斯流放在外的政敌派使者前往科林斯——锡拉库萨的母邦，请求帮助以推翻暴政。科林斯的统治者同意了他们的请求。他们派遣了700名雇佣兵以及一支由10艘战船组成的舰队，由著名的将军蒂莫莱翁担任统帅。这支规模不大的军队登陆西西里后，得到了不少城市的支持。小狄奥尼修斯最终投降，他从权力的宝座跌落，成了普通公民，在科林斯度过了余生。

蒂莫莱翁在锡拉库萨掌权后不久，大约60000名迦太基人发动了一场声势浩大的进攻，面对克里西斯河（Crimisos）对岸的大军，蒂莫莱翁却只有12000名士兵。但是科林斯人和西西里的希腊人受到了幸运之神的眷顾：在战斗的最初阶段，一场猛烈的暴雨来袭，“风雨夹杂着冰雹，背风的希腊人压力倍增，而迎风的迦太基人连眼睛都睁不开了”（普鲁塔克《蒂莫莱翁传》，*Vie de Timoléon*）。许多迦太基士兵在暴雨中陷入困境，被锡拉库萨步兵击溃，或被骑兵踩踏。

锡拉库萨人完全没有想到，他们的城市在蒂莫莱翁的统治下经历了一段繁荣与和平的时期。由于克里西斯河战役的胜利，科林斯迫使迦太基签订条约；蒂莫莱翁促使西西里的希腊城市结成联盟，锡拉库萨则作为联盟之首，而且每个城市都享有自治权；他在锡拉库萨建立了温和的民主制，推翻了具有象征意义的奥提吉亚城堡；

最后，蒂莫莱翁促成了来自希腊和意大利的大约 60000 人定居西西里，重建了被迦太基人摧毁的城镇。

公元前 337 年，蒂莫莱翁主动放弃了锡拉库萨公民授予他的军政统帅的职位。作为古希腊时期最伟大的统帅，他决定在乡间住所平静地度过余生。蒂莫莱翁自始至终保持着初心，他主动请辞其实是成全了他对于理想自我的追求。蒂莫莱翁给西西里的希腊人带来了社会稳定和物质财富，繁荣的景象一直持续到公元前 3 世纪中叶，罗马人的到来彻底改变了这一切。

太阳神的四马二轮战车

传说中，赫利俄斯每天早晨乘坐四匹翼马牵引的战车离开其位于东方的宫殿，在天空中奔驰，随后跃入西海。《奥德赛》中有一段情节，其中奥德修斯和同伴登上了一座献给太阳神的岛屿，称为特利纳克里亚（Trinacria），很可能就是西西里岛。

插图 塞利农特 C 神庙的排档间饰，建于公元前 6 世纪。它表现了赫利俄斯驾驶着只有他才能驾驭的烈马战车。现藏于巴勒莫考古博物馆（Musée archéologique, Palerme）。

柏拉图的政治学说

从柏拉图的大量著作中可以看出，这位哲学家讨论的主题涉及甚广，例如：勇气、怜悯、知识、爱、善、思想、美以及宇宙学，此外还有很多。柏拉图的《对话录》中有两篇意义极其重要，即《理想国》（*La République*）和《法律篇》（*Les Lois*）。这两篇对话尤其有助于理解他对于锡拉库萨宫廷的影响，及其政治理念如何嵌入西方历史的进程。在这两篇作品中，柏拉图在寻找伦理与正义的终极意义。

柏拉图强调社会分工的优势，指出理想的社会应该有三类公民：经济活动所依赖的耕种者和工匠；作为安全保障的士兵（守卫者）；和负责政治方向的统治者。在柏拉图的设想中，这些类别中的每个个体的特征都符合逻辑要求。因此，守卫者必须勇敢，他们只需要最基本的生活供给，并且以集体生活为主，因为"如果他们有房子、土地、金钱，他们就会成为管家或农民，而不是守卫者。他们将成为敌人和暴君，而不是公民的盟友。他们会产生仇恨，也会被他人仇恨；他们会策划阴谋，并会因此而遭到攻击"（柏拉图，《理想国》）。另外，统治者应该是真正的哲学家，他们接受长期的教育，可以为社会做出最优决策，因为他们善于理解他人的想法。

尽管柏拉图对于治国有许多设想，但他也意识到将这些政治理念付诸实践是不可能的，在西西里岛更是如此。西西里的宫廷生活让他觉得格格不入，据他说，"一天两次大吃大喝，从不单独睡觉"（《第七封信》*Lettre Ⅶ*）。柏拉图提出了理想共和国的概念，这是一个寻求正义的国家典范。他谈到了真正的哲学家必须具备的品质，这也是统治者正确治理所必需的品质，最后，柏拉图提出，只有当哲学家成为统治者，才能实现完全幸福。

在《理想国》中，柏拉图列举了6种可行的政府类型，同时也指出了自己的政治设想是无法实现的。根据这位哲学家的说法，其中5种政体有明显的缺点：荣誉政体，由野心勃勃的人统治国家，统治者崇尚战争，而不是和平；寡头政体，一种基于财富和纳税的制度，只有富人才有话语权；民主政体，过度的自由最终会破坏制度；僭主政体，僭主虽然最初都是出于善意，但却不得不诉诸暴力，直到他周围没有可利用的人；君主政体，是一种可以接受的制度，只要法律得到尊重，否则会导致令人憎恶的独裁专权。事实上，在上述的几种政府类型中，有两种个人权力的形式是完全相反的：国王是受到法律约束的，而僭主则不然，他是专制的，没有限制。

绝对尊重法律是柏拉图及其老师苏格拉底思想的支柱之一，正如苏格拉底绝对服从城邦对他的审判，自愿喝下毒芹汁而身亡。平等平权是指所有公民在法律面前一律平等，而且由于法无例外，平等平权优于任何其他的政治考量。由于在僭政中，行使权力的人可以任意做出决定，其决定权是不受约束的，这也是为什么老狄奥尼修斯和他的儿子绝对不会接受基于平等平权的政治改革。

柏拉图对所有政治制度，尤其是民主制度感到失望，民主制度“不加区分地将平等适用于一切事物，并不在意他们之间是否存在平等”，还导致了“雅典最公正和最智慧的人”——苏格拉底遭受审判。柏拉图认为，最好的制度是贵族政体，即第六种制度，它最符合他的政治格言：因为无知是真正的邪恶，对个人和社会来说都是最有害和最危险的因素，统治者必须从优秀的公民（“哲学王”，aristoï）中选出，他们应是真正的智者，充满理性，能够带领人民走上正义和美德之路。

公元前 4 世纪，希腊城邦制遭受了致命的打击，经历了长时间的危机，在亚历山大大帝死后，希腊化君主制彻底取代了城邦制。因此，柏拉图的政治理论失去了可以付诸实践的环境，但它仍然是人类不朽的思想遗产。正如著名的德国历史学家赫尔曼·本特松（Hermann Bengtson，1909—1989 年）所说，“希腊在政治领域所失去的，在思想领域得以重拾：公元前 4 世纪，柏拉图及其弟子亚里士多德创立了希腊思想的世界霸权”。

档案：希腊的公民教育

古希腊极其重视教育，作为人类历史上令人赞赏的希腊文明，正是从中汲取营养，焕发出蓬勃的生命力。

教化（paideia）这个词有助于理解为什么希腊如此重视儿童和青年时期的教育。教化（paideia 源自 pais，“孩子”）不仅包括教育，还包括文化、传统、文明和文学（因为文学是文明的最极致表达）。对于古典时期的希腊人来说，教育是一个过程，包括一系列原则、技能和知识，个体通过教育能够以最有效且最荣耀的方式为其所属的社群服务。

从家庭教育到学园教育

年轻人的教育始于家庭，随后他们会前往学校跟随老师学习，每所学校各有所长，可能是修辞学派、辩证法派，抑或是诡辩术派。

左图：19世纪艺术家古斯塔夫·阿道夫·斯潘根伯(Gustav Adolph Spangenberg)以亚里士多德学园(现德国哈勒大学)为主题创作的壁画。上图：一位母亲在教授儿子读书(公元前6世纪的希腊浮雕)。

除了知识类学科，教育还包括体操。人们普遍认为，如果没有适当的身体训练，会导致性格软弱，那么人就无法充分运用自身的智慧。因此，两者是密不可分的。教育者提倡同时培养心智和身体能力，这两个方面应该保持完美的和谐；这就是为什么体操是年轻人日常生活中不可或缺的一部分。男孩长到六七岁时，在母亲的监督下接受教育。他们通常与家里同龄的女孩住在一起。母亲和保姆会给他们讲寓言和民间故事，孩子们的脑海里由此形成了一个伦理和神话的世界，这将成为他们受教化的基础。

游戏和玩具

希腊儿童有许多玩具，例如拨浪鼓、洋娃娃、泥人、圈环、陀螺或用来模拟马的带轮木棍。

插图 公元前425年左右制作的陶器细节图，现藏于巴黎罗浮宫博物馆。

学校

男孩 7 岁时进入学校（didaskaleion），学校是私立机构，非公立机构，由父母支付给教师费用。尽管雅典有负责确保学校遵守道德和习俗的官员（paidonomos），但教师不需获得任何基于能力的授权。虽然受教育不是强制性的，但是当局可以指责有足够财力的父亲没有为其儿子提供必要的教育。此外，从公元前 5 世纪中叶开始，城市会为战争孤儿资助学费和餐费。

男孩日出时就去上学。富裕家庭的父亲通常会指派一名家庭教师送孩子，帮孩子拿记事板和学习材料。他的父亲会指派一个值得信赖的奴隶担任这一关键角色。该奴隶通常年纪较长，具有一定的知识水平，注重帮孩子养成良好的行为习惯，放学后负责接回孩子，监督他完成作业，并且在必要时对他进行适当的惩罚。

在学校里，孩子要学习如何正确阅读与写作，这对未来做公民都很重要，但他们也不像东方抄写员那样专门学习这些内容。数学和几何学也是基础学科，而外语没有被列入必选学科。后来，学习诗歌作品也成为必修。荷马的作品被视作伟大的史诗典范，据说背诵荷马的六音步诗句可以增强心智，塑造高贵、独立的性格。此外，荷马史诗的叙事框架和主角有助于孩子理解所有与神和宗教相关的问题。荷马的作品还能向孩子传授最高的行为准则，它本身就反映了亚该亚祖先的贵族模式。

音乐在教化中的作用至关重要，合唱和舞蹈便是如此，因为它们体现了对称、比例和美。正是在这个意义上，柏拉图强调音乐的重要性，认为“将节奏与和谐引入，便能激发灵魂，同时改善情绪和活力”（《法律篇》，第二卷）。正如毕达哥拉斯学派所表明的，音乐应被视为必不可少的一门学科，因为音乐与几何学有着密切的关系，它也是基于测量，以及整体与部分之间确切关系的学科。

角力学校

男孩从青春期直至成年之前，会进入青年男子学习文化及军事的学校。这一阶段塑造男孩未来的身体，因此角力学校（偏重体育锻炼的学校）会进行密集的体操训练。老师会指导他们不穿任何衣服，皮肤上涂着油，伴着音乐，进行练习。

经常出入体育场可以为他们赢得一定的社会地位，因为正是在那里他们的斗志（agon）会经受考验，而这是贵族必备的品质。随着重装步兵训练和方阵作战训练的出现，这种斗志在古风时代末期已经基本消失。事实上，在公元前 6 世纪，年轻人之间的竞技极为普遍，如皮提亚竞技会（les jeux Pythiques）、伊斯特摩斯竞技会（les jeux Isthmiques）、尼米亚竞技会（les jeux Néméens）和奥林匹克竞技会（les jeux Olympiques），出身良好的年轻人经常因为准备更为充分而获胜，特别是在马术比赛中。这种斗志磨炼也延伸到了其他训练领域。在举行宗教庆典，以及阅读、朗诵和计算比赛时，人们也在着力展现这种斗志。

在古典时期的希腊城市中，体育场与剧院一样普遍。年轻人之间的同性关系在其迈入成年的过程中发挥了至关重要的作用。一旦脱离了母亲的掌控，男孩一天中的大部分时间都在体育场度过，甚至会在那里经历第一次性行为。事实上，男孩们与同等社会地位的年轻女孩发生肉体关系几乎是不可能的，而与女性奴隶（pornai）则缺乏维系感情的成分。

虽说同龄男性之间存在同性恋关系，但是大多数的同性爱人之间有相当大的年龄差异。主动者和被动者之间的区别很明显，无论是身体上还是精神上。正是这种不对等性赋予这段关系以教育的维度，即两人之间的关系要符合预先建立的行为模式：青年男子必须表现出克制，并且要以某种方式去试探那个对他感兴趣的成年人，而这个成年人必须运用自己的才智去通过考验。从一开始，两人之间的关系就更倾向于精神层次，而不是肉欲。在这种类型的关系中，比较有名的是雅典的亚西比德

教学方法和教学科目

因为没有教科书，也无法做笔记，古希腊的教学主要依赖老师授课和学生对基本内容的系统记忆。他们还必须学习一系列基本原理，然后运用逻辑来提升自己的思维能力。在所有的教学科目中，几何是培养年轻人的基础学科之一。人们认为，只有通过研究图形的性质和测量，才能完全了解宇宙。几何能够使他们更深入地理解对称概念，而对称可被视为部分和整体之间的对应关系。此外，在柏拉图学园，还会教授哲学、天文学、生物学、数学和政治理论，学园三角楣上的铭文写着：“如果不是几何学家，就不要进入这里。”

角力场　上图：绘有摔跤训练场景的浅酒杯。摔跤和拳斗是年轻人教育的一部分，并成为奥林匹克运动重要的项目。现藏于博洛尼亚市民博物馆（Musée civique, Bologne）。

❶ 教育　这个浅酒杯（kylix）上的图案重现了古希腊学校的教育场景。

公元前5世纪制作的陶器，出土于切尔韦泰里（Cerveteri）。现藏于柏林古希腊罗马考古博物馆（Antikensammlung, Berlin）。

❷ 教师　一名或两名教师负责教授所有学科。教师的社会威望很高。如果教师认为有必要，可以惩戒学生。教师的收入取决于学生的数量及其家境。

❸ 学生　只有男孩可以上学（didaskaleion），一般大城市设有学校。入学后，所有学生按照年龄分班。学费很昂贵，贫穷的家庭无力支付这笔费用。

❹ 音乐　据说音乐修养会影响人们对于对称和秩序的理解。音乐不是一门独立的学科，但音乐是其他学科必不可少的补充。

❺ 写作　希腊古典时期，无论是对于将来参与政治生活的公民，或是对于女性而言，会正确地书写被视作自由人必须具备的能力。这也解释了为什么古希腊如此重视写作能力。

❻ 教学设施　涂蜡木板是学校最基本的教学用品，学生可以在蜡面上写字或涂改。此外，教学设备都十分简易，比如，座椅皆为硬座且没有靠背。

奥林匹亚体育场 年轻人在希腊各城邦的体育场进行身体训练和社交活动。此外，奥林匹亚体育场在运动会中也同样十分重要，因为参赛之前，所有体育项目的训练都在这里举行。

和苏格拉底，斯巴达的阿格西劳斯和莱山德。这种爱恋关系受到当时社会的重视，部分原因是它在教育层面的意义，尤其是它所提供的道德和智性培养。

男孩可以通过修剪胡须来表明自己拒绝恋爱。从 16 岁起，他就要优先考虑与战争有关的练习，尤其是武器的操练；年满 18 岁后开始服兵役，通常为期两年，这是获得公民身份的先决条件。如果这个年轻人获得了长足的进步，并且他的每一项能力都得到了适当的发展，他就能够进入仅限杰出人士出入的社交圈。随后，他可以和其他出类拔萃的年轻人做情人，而这丝毫不会损害他未来的婚姻关系。

在完成标准教育后，有更高抱负的年轻公民会继续前往修辞学园、哲学学园和诡辩术学园继续深造。伊索克拉底学园（Isocrate）、柏拉图学园以及亚里士多德学园是最负盛名的高等教育中心。这些学校吸引了来自富裕家庭的外国年轻人来到雅典，参加这些大师的课程。例如，只有极少数的富人精英才能支付伊索克拉底学园的全部课程费用。诡辩术教学也很昂贵，老师一般不在固定地点定期授课：他们周游各地巡回演讲以吸引学生，学生会学习修辞、政治和法律。

奴隶和女性

学校教育不适用于奴隶和女性。年轻奴隶所能接受的唯一教育与他为主人所做的工作（范围很广：从最不费力的作坊行政工作到非人条件下的矿井工作）有关。至于小女孩和年轻女孩，她们大部分时间都待在家里。待字闺中的女孩们由母亲、阿姨或奴隶照顾，她们要学习做家务，比如针线活和烹饪。她们还要学习神话故事和基本的算术概念，以便在成年后能够管理家庭财务。她们一般不学习阅读和写作。

由于没有女子学校，宗教庆祝活动是她们外出的唯一机会。女孩一般 15 岁左右结婚，婚姻是她们成年的标志，从此丈夫便代替妻子的父亲成为其监护人。为了确保年轻女孩能顺利出嫁，家人十分重视对女孩的婚前监护。例如，梭伦（Solon）曾在雅典立法规定，如果父亲发现女儿不再是处女（parthénos），便应把她逐出家门，甚至可以将她卖掉。

斯巴达的教育

斯巴达针对一些社会问题的处理与希腊的其他城邦存在着明显的差别，而在培养年轻人方面也同样独树一帜。斯巴达社会分为斯巴达人（homioi）、庇里阿西人和黑劳士。斯巴达人享有完整的公民权和政治权，但他们的儿子只是普通公民，而非全权公民。为了获得和父亲一样的权利，他们必须经历一段艰苦而漫长的训练，

道德教育与荷马史诗

希腊古风时期和古典时期的教师们认为，《伊利亚特》和《奥德赛》具有道德和教化作用。这就是为什么他们将这两部史诗的主角作为典范纳入教学内容。由此，一种非常具体的个人和集体道德观得以代代相传。这种道德观与两部作品中反映的价值尺度相吻合，是古希腊没落之前的亚该亚贵族所特有的。例如，年轻人必须严格遵守宗教仪式，绝不可冒犯神灵。他们从书中了解到，使用诡计来实现个人目标（《奥德赛》中便是如此）是值得尊敬的，甚至是必要的。他们推崇个人竞赛和集体竞赛（agon）。他们还认为女性最重要的美德是忠诚［如《奥德赛》中佩内洛普（Pénélope）坚定的态度］。此外，在音乐的伴奏下，荷马诗句所体现的节奏、和谐和甜美可以舒缓青春的激情。

插图　公元前520年左右制作的陶器细节图，陶器上绘有《伊利亚特》的片段，埃涅阿斯（Énée）背着他的父亲安基塞斯（Anchise）。现藏于海滨布洛涅城堡博物馆（Château-musée，Boulogne-sur-Mer）。

无所不在的音乐　除了音乐所固有的价值外，在许多学科教学中，音乐都起到了重要的作用，例如诗歌和体操。上图：公元前4世纪创作的浮雕，表现了阿波罗和马西亚斯（Marsyas）进行的音乐比赛。现藏于雅典国家考古博物馆。

称为斯巴达教育（agogé）。男孩年满 7 岁便要离开家，进入城邦的训练所，接受严格的纪律训练，学会高度服从，演练格斗。据史料记载，斯巴达教育通常以克里普提（krypteia）作为结业仪式，年轻的斯巴达人必须独自在野外生存长达几个月，其间还要暗杀一个黑劳士。

斯巴达教育不适用于斯巴达人的女儿；但她们还是需要接受基础教育，学习城邦的公民价值观。根据斯巴达的公共教育计划，年轻女孩不能只学习家务（希腊其他地区就是如此）；因为斯巴达人认为家务活不应该由身份自由的女性来承担，而应该留给奴隶。由此，女孩的教育甚至还会辅以户外体育锻炼，以便为生育强壮健康的孩子做好准备。

虽然一个社会的发展在很大程度上取决于对年轻人的培养，但希腊的教育不仅限于服务社会，它还为希腊文化的蓬勃发展做出了巨大的贡献。

一个时代的终结

斯巴达战胜了雅典，雅典人只能就此告别往日舒适的生活。本页插图：丧葬物品——带把手的细颈长瓶，制作于公元前5世纪，上面描绘了一个正在作别的战士，现藏于雅典国家考古博物馆。

插图（右侧） 雕塑作品，刻画了一位参加宴会、身体斜倚的男子，创作于公元前525年，现藏于伦敦大英博物馆。

雅典的变化

经历伯罗奔尼撒战争的沧桑和苦难之后，雅典已如死灰般沉寂。但借助波斯的援助，以及与波奥提亚结盟，这座城邦又逐渐恢复实力，但还不足以称霸希腊。德摩斯梯尼（Démosthène）生活在希腊古典时代的最后几十年，他见证了陷入困境的雅典民主制，以及希腊城邦制的终结。

伯罗奔尼撒战争结束后，雅典的经济和社会状况一落千丈：根据公元前431年的统计结果，雅典有5000名公民达到可持有武器的年龄；而到了公元前404年，这个数量只剩下一半了。由于阿提卡大片地区的橄榄树、无花果树和葡萄园遭到砍伐或焚烧，土地变得荒凉。农场已被斯巴达人和波奥提亚人洗劫一空。公元前411年，雅典放弃了优波亚岛（Eubée），当初出于安全考量运到岛上的牲畜

公元前4世纪雅典重要的历史时刻

公元前399年

苏格拉底之死 这位哲学家被指控为异端邪说，腐化年轻人，最终被判处死刑。

公元前389年

温泉关大捷 雅典重新掌控了爱琴海沿海的几处战略要地。

公元前380年

伊索克拉底的《全希腊盛会献词》 这场演说捍卫了泛希腊主义的主张，并将其传播到整个希腊。

公元前377年

第二次雅典同盟 雅典召集了爱琴海地区的城邦，建立了一个新的海上同盟。

公元前371年

霸权更替 斯巴达和雅典签署和约，底比斯获得了希腊的霸权。

公元前357—前355年

同盟战争 雅典及其盟邦之间的冲突。第二次同盟瓦解。

公元前340年

希腊联盟 基于德摩斯梯尼的设想，雅典主导创立了希腊联盟，两年之后，被马其顿的腓力二世打败。

也损失殆尽。2 万名奴隶在伯罗奔尼撒人的帮助下逃往德西利亚，导致矿山的开采陷入瘫痪，而贸易和手工业也是光景惨淡。雅典 20 万居民中的大多数人（10 万平民，加上大约 3 万自由的外国人和所有奴隶）生活在痛苦和绝望中。

公元前 404 年夏天，斯巴达扶持了一个由三十僭主组成的傀儡政权，这是整个雅典历史上最黑暗的时刻。这群寡头由温和派的塞拉门尼斯（Théramène）和残暴的克里蒂亚斯（Critias，柏拉图的舅舅）领导，他们下令大范围没收财产并任意暗杀公民。据估计，几个月内被杀的人数约

为1500人。三十僭主没有起草新宪法，而是满足于随心所欲地行使权力，播下恐怖的种子，无视自梭伦时代以来以法立国的精神。法律失去了效用，以致人人自危。

三十僭主妄图镇压所有的抗议活动。他们禁止教授修辞，因为这是一种对自由表达思想和行使公民权至关重要的艺术。某些温和派的寡头，如塞拉门尼斯，敢于谴责政府犯下的暴行，但他为此付出了生命的代价。恐怖统治下的雅典人不甘心就此沦为权力的牺牲品，他们团结起来奋起反抗，局势由此发生了反转。

辉煌与危机

上图：帕提侬神庙北面中楣的碎块，创作于公元前445—前440年。上面描绘了两个骑兵加入庆祝雅典娜女神节的仪式队伍，还有一位年轻人在给另一位整理衣衫，现藏于伦敦大英博物馆。半个世纪后，雅典将面对历史上最严重的危机。

政权更替

幸运的是，雅典公民找到了一位仍然坚持民主的将军——色拉西布洛斯（Thrasybule），他正是雅典摆脱困境所需要的领袖。在底比斯暴政期间，色拉西布洛斯设法逃离，一大群民主派支持者愿意追随他。他们在雅典北部边境集结了一支规模不大的军队。随后越来越多的雅典公民加入了他们的行列。公元前404年年底，他们决定进军比雷埃夫斯。雅典爱国者与斯巴达卫戍部队的战斗异常激烈，三十僭主中的数名寡头在战斗中阵亡，其中就有克里蒂亚斯，这个骇人听闻的政权最终垮台。

雅典的政局突变惹怒了傲慢的莱山德，不久之后他便率军抵达比雷埃夫斯。他以恢复秩序为借口，封锁港口，镇压民众。然而，几乎在同一时间，斯巴达的监察官派波萨尼亚斯国王通过陆路抵达阿提卡，以免莱山德滥用职权进一步激化矛盾。波萨尼亚斯迫使莱山德放弃原有计划。雅典的权力被移交给由10名温和派寡头组成的政府，这10位寡头与塞拉门尼斯生前建立的派系颇有渊源。

尽管温和派寡头在斯巴达的扶持下上台有损雅典民众对于民主派的信任，但雅典三十僭政给民众留下了难以磨灭的伤痛，以至于在斯巴达人建立寡头政治仅一年后，公民就更加坚信地要回归雅典的传统体制：民主制。色雷斯布洛斯秉持一贯的温和策略，颁布了一项大赦令，保护大多数寡头免遭报复，但那些犯下最严重罪行的人除外。他给那些想逃亡的人10天时间，以便他们可以前往圣城厄琉西斯（Éleusis）避难。

色雷斯布洛斯还下令在三十僭政期间被没收的土地和房产须物归原主，但这条法令不适用于动产（钱、奴隶和牲畜等）。这项实用的政策有利于缓和不同社会阶层之间，乃至政治派别之间的关系，也避免了再次政变或内战。由此，色雷斯布洛斯颁布的这些法令为恢复民主制打下了坚实的基础，此后雅典的民主制又持续了60年，直至马其顿人到来。

在伯罗奔尼撒战争结束后的8年间，雅典在对外政策方面基本遵守了与斯巴达签订的和约。雅典甚至还派遣部队支援伯罗奔尼撒人出征伊利亚和波斯。然而，雅典的经济发展陷入了停滞：只有手工业和贸易略有增长。显而易见，雅典可能需要付出几代人的努力才能摆脱贫困。由于斯巴达舰队控制了爱琴海的贸易网络以及雅典的陆路供给，经济复苏似乎遥遥无期。面对困境，雅典内部要求和底比斯结盟抵抗斯巴达的呼声与日俱增。

以色雷斯布洛斯为代表的温和派倾向于尊重与斯巴达的和约，而激进的民主派则坚持与底比斯结盟。如果底比斯与雅典结盟，这个正在崛起的城邦将足以遏制斯巴达极具侵略性的扩张主义。雅典和斯巴达之间的夙怨当然有利于促成雅典和底比斯的合作，但更具决定性的因素是，色雷斯布洛斯及其支持者在底比斯流亡期间受到了善意的款待。此外，底比斯的支持可以避免阿提卡受到波奥提亚的攻击，这将减轻斯巴达对雅典的军事压力。

于是，公元前 395 年夏天，色雷斯布洛斯向激进民主派妥协，同意与波奥提亚同盟、科林斯和阿尔戈斯结盟。这就等于公开向斯巴达宣战。由于阿格西劳斯当时正在鏖战小亚细亚，无暇顾及希腊本土事宜，这个由斯巴达宿敌组成的联盟立即发动了战争，史称“科林斯战争”，其中有两场决定性的战役，即尼米亚战役和科罗尼亚战役。

斯巴达在科林斯战争中全身而退。因为波斯总督们一直以来都不愿看到希腊出现一个具有绝对统治权的城邦，所以波斯决定支持雅典。公元前 395 年夏天，在克尼多斯战役中，波斯人援助雅典海军统帅科农，帮助科农最终击溃斯巴达舰队。两年之后，当科农率领由波斯人援助的 80 艘三层桨战船驶入比雷埃夫斯港时，整个雅典都沸腾了。更令雅典人雀跃的是，科农还带回了大笔资金用于重建雅典的城墙。

在雅典的势力范围内，为科农建造的雕塑比比皆是，而几年之前只有斯巴达人莱山德受到过如此的爱戴。然而，在成为雅典的救星之前，科农不过是一个在羊河战役中侥幸逃脱的懦夫。羊河战役之后，科农游走于塞浦路斯和波斯。也正是从那时开始，雅典开始致力于重建海上霸权。而这一举措激怒了波斯人，波斯由此中断了对雅典的经济资助，但 14 年后，科农率领的雅典舰队再一次在爱琴海上驰骋。

公元前 389 年，色雷斯布洛斯前往博斯普鲁斯海峡，旨在全力确保海上贸易。他攻占了几座重要的城市和岛屿，如萨索斯、萨莫色雷斯、士麦那和哈利卡纳索斯，但在此次征战的最后阶段不幸阵亡。

公元前 386 年，希腊的主要城邦在萨迪斯签署了《大王和约》，意欲在希腊和小亚细亚停止敌对行为。此项协议也确认了波斯和斯巴达的统治地位。在这份国际和约生效期间，由亲斯巴达的寡头派控制的城市驱逐了大批民主派人士，雅典成了这些人逃亡的唯一目的地。此外，雅典还与许多城邦建立了双边同盟关系，如希俄斯、列斯堡［以及米提列涅和米西姆纳（Méthymne）］、拜占庭和罗德斯。之所以那么多城邦愿意与雅典结盟，主要是因为斯巴达在小亚细亚和爱琴海的不断扩张引起了周边城邦普遍的恐慌。虽然这些城邦并没有实质性违反《大王和约》的行动，但它们其实并不赞同这项和约，只是迫于形势而已。雅典借由结盟增强了政治和军事实力，加剧了与斯巴达之间的紧张局势。

伊索克拉底和第二次结盟

公元前 436 年，伊索克拉底（Isocrate）出身于一个雅典贵族家庭，他曾在学校任教，也是一位出色的演说家。伊索克拉底是苏格拉底的弟子，他创立了一所修辞学校，学生来自希腊各地，大多才华横溢，他们在此学习演讲和论文撰写。吕西亚斯、德摩斯梯尼和伊索克拉底可谓雅典历史上最出色的三位演说家。

伊索克拉底一生中最杰出的演讲莫过于《全希腊盛会献词》（*Panégyrique*）。这场演讲发表于公元前 380 年，正值奥林匹克运动会闭幕式。伊索克拉底的这份演讲词开篇明义："我们应该团结起来抵抗蛮族。"为了达到这个目标，伊索克拉底谴责斯巴达剥夺了战败城邦的自由。他认为，公元前 5 世纪霸权在握的雅典与现在的斯巴达不可相提并论。当时，爱琴海和小亚细亚的希腊人自愿与雅典结盟，因为他们认为雅典人在海上拥有绝对优势，可以保护他们免遭波斯和海盗的侵袭。提洛同盟曾经有过一段共同繁荣时期。提洛同盟不失为一种典范，雅典由此获得了海上统治权，从而削弱了斯巴达在陆路的霸权。伊索克拉底坚信，这是一种理想的结盟模

雅典演说家伊索克拉底和泛希腊主义概念

伊索克拉底（公元前 436—前 338 年）吸收了苏格拉底的推理法和高尔吉亚（Gorgias）的修辞术。他坚持年轻人需要接受修辞学教育，因为他认为修辞学是一种基本方法，只要公民掌握了这种方法便可以革新希腊社会，使之摆脱道德败坏。他坚信只有接受过良好教育的公民才有能力创立具有竞争力的政治机构。

伊索克拉底始终坚守自己的想法，他是伟大的演说家、作家和雅典政治家，由于马其顿在奇罗尼亚击溃了雅典，98岁的伊索克拉底禁食自杀以表抗议，而正是这场战役标志着城邦国家模式的衰亡。坚持泛希腊主义是这位年迈教育家的主要贡献之一。希罗多德使用希腊语“hellenikon”指代泛希腊主义，即相似的文化、语言、习俗和宗教能够将所有希腊人团结起来。泛希腊主义的概念后来又得到进一步的发展，主张所有城邦联合起来组成一个超越国界的政治实体。伊索克拉底意识到，希腊人之间无休止的冲突导致了城邦制的衰亡。他极力倡导尽快建立一个泛希腊政治实体，并指出希腊人真正的敌人应该是波斯帝国。

插图 罗马时期复制的伊索克拉底半身像，现藏于罗马阿尔巴尼别墅（Villa Albani, Rome）。

式，可以均衡各方势力，使希腊重获久违的和平。

对于希腊可能出现的变化，伊索克拉底总能做出准确的预判。他的著作里有不少对于未来的预测。作为老师，他的语言流畅且自然，毫不逊色于诗人，甚至不亚于当时诡辩家特有的逻辑推演能力。他的教学体系基于修辞学，并最终超越了柏拉图学园教授的辩证法和哲学的范式。这一体系在希腊化时代发展迅猛。伊索克拉底在 56 岁时撰写了《全希腊盛会献词》，由此声名鹊起。这是希腊历史上前所未有的一篇演讲词，它开创了一种新的修辞形式，更偏向于书面用语，结构严谨，句式多变，不同于当时其他成文的政治演讲词。

随着书写的增多，雅典有其他演说家，如吕西亚斯（公元前 440—前 380 年）撰写了许多出色的辩护词，不仅便于记忆，还可在法庭上使用。然而，在伊索克拉底的这场演讲之前，没有人想过将自己的政治建议撰写成文，传播到希腊各地。伊索克拉底让越来越多的人关注以公共事务为主题的演讲，其影响力已不限于公民大会或其他文化、宗教论坛。

在雅典建立的海上同盟还将《全希腊盛会献词》作为其理论纲领。这篇演讲词明确表达的政治理念，以及由此赢得的声望，使其成为公元前 377 年第二次雅典同盟建立的决定性因素之一，而这一年距离其发表仅有两年的时间。《全希腊盛会献词》对雅典贵族提莫修斯起到了尤其重要的影响。他是当时最受尊敬的将军之一，也是同盟的主要领导人之一，他年轻时曾就读于伊索克拉底创办的修辞学校，是伊索克拉底的得意弟子。

新同盟建立的起因可追溯到公元前 378—前 377 年的冬天。针对底比斯民主派发动的政变，斯巴达国王决定率军出征。西西里历史学家狄奥多罗斯认为，正是斯巴达的这次军事行动促使雅典派遣使节前往各地“劝说各城邦为了共同的自由而团结起来”。公元前 377 年春天，在雅典演说家兼政治家卡利斯特拉图斯（Callistrate）的斡旋下，一个多边同盟就此建立起来。其主要成员有希俄斯、底比斯、米提列涅、米西姆纳、拜占庭、罗德斯和雅典。

提洛同盟创立 100 年后，经过卡利斯特拉图斯的外交努力，终于促成各方签署了《马拉松的亚里士多德法令》（*décret d'Aristotélès de Marathon*，这个名字取自曾支持卡利斯特拉图斯的一位公民）。这项法令正式宣布，同盟在雅典的支持下就此建立。新同盟面向所有希腊人，以及被斯巴达帝国主义压迫的蛮族。但不包括波斯帝国管控下的大部分城市，因为雅典及其盟邦要向波斯表明他们并没有违背《大王和约》的条款。

雅典公民大会的秘书将《马拉松的亚里士多德法令》刻在一块石碑上，尽管这块石碑已年代久远，但考古学家凭借现代考古技术对其进行了修复。石碑上写着："同盟的每个成员将实施自治，不设立驻军或总督，也无须缴纳贡金。"同盟创始者想要通过这项法令向同盟成员表明，雅典绝不会像公元前5世纪后半叶那样对盟邦实施严苛的管控。

第二次雅典同盟共计70个盟邦，远远少于之前的提洛同盟。负责同盟决议的机构（synedrion）设在雅典。每个成员通过投票表决，但最终仍需雅

雅典学院

雅典学院由柏拉图创立于公元前388年，亚里士多德是这所学院最杰出的学生；而伊索克拉底创办了一所修辞学校，同样极具声望，这两所学校互为竞争关系。

插图 庞贝的马赛克壁画，创作于1世纪，壁画主题为雅典学院，现藏于那不勒斯国家考古博物馆。

《马拉松的亚里士多德法令》和镌刻在石碑上的铭文

公元前377年，雅典建立了第二次海上联盟，起草并签署了《马拉松的亚里士多德法令》，它明确规定了盟邦的合法权益。事实上，该法令的各项条款被镌刻在一块石碑上，至今保存完好。

希腊古典时期，政府颁布的公共决议或官方决议通常被记录在莎草纸或黏土板上。然而，当涉及非常重要的社会或政治法律法规时，比如《马拉松的亚里士多德法令》（这项法令标志着雅典第二次海上同盟的创立），相关的法律条文会被刻在石板或石碑上，并置于城市人流会集之处。借助于现代考古技术和碑铭学（研究刻在坚硬材质上的铭文的学科），我们能够完整地了解古希腊时期的法律。铭文是流传至今的镌刻文本，因为没有副本或阐释文本，从而以最直接的方式为我们提供了准确信息。例如，法国考古团队曾在德尔斐圣殿发现刻有法律条文的碎块。迄今为止出土的最重要的法律文本是“格尔蒂法典”（code de Gortyne）。格尔蒂位于克里特岛南面，城中有一座罗马时期建造的剧院，考古人员在剧院内走廊上发现了背靠一堵凹面墙的12根柱子。公元前5世纪，这些柱子被刻上了600行文字，这些文字公开展示了当时编纂的法律条文，条文规范了公民的家庭生活，并针对商人做出了强制性规定。

插图　公元前6世纪镌刻的铭文，出土于德尔斐，上面规定了奴隶的待遇及其获取自由的条件。

典公民大会批准才能实施。同盟成员可以通过提供舰只、军队的形式来缴纳盟金，而小规模的城邦则直接缴纳一笔费用（syntaxeis）（提洛同盟时期的盟金被称为“phoroi”，这个词已被弃用）。

公元前 376 年，一支由 60 艘三层桨战船组成的斯巴达舰队在位于阿提卡最南端的苏尼翁海角附近游弋，此片海域极其重要，因为这是从黑海沿岸向雅典运送小麦的必经之地，而斯巴达人的目的就是要拦截这些商船。面对可能再次到来的饥荒，雅典以同盟的名义派遣了 80 艘舰船，任命卡布里亚斯（Cabrias）为统帅，这位极具战术素养的将军是柏拉图的密友。几天之后，两支舰队在帕罗斯岛和纳克索斯岛之间的海峡对峙。卡布里亚斯不仅击溃了斯巴达舰队，还争取了基克拉泽斯群岛中的几个岛屿加入雅典海上同盟。

霸权更替

公元前 375 年夏天，卡布里亚斯率领雅典舰队前往色雷斯沿岸地区，他在那里取得了一系列的军事胜利。由于马其顿生产用于建造船只的木材，卡布里亚斯随即与马其顿国王阿敏塔斯三世（Amyntas Ⅲ）签署了一份有利于雅典的条约。而与此同时，提莫修斯（Timothée）将军率领另一支舰队前往爱奥尼亚海，以迫使斯巴达人放弃入侵波奥提亚。他攻占了克基拉岛和基法伦尼亚岛，随后雅典舰队在琉卡斯击溃了斯巴达人，从而为同盟增添了新的成员。提莫修斯由此完成了其师伊索克拉底最重要的计划之一：实现希腊的双重霸权，即斯巴达的陆路霸权和雅典的海上霸权。

重获海上霸权使雅典人欣喜不已，为了巩固现有局面，他们既而转向与斯巴达进行和谈。双方达成共识，签署了《前 375 年和约》（*paix de 375*），但由于斯巴达和雅典夙怨已久，缺乏信任基础，一年后双方在爱奥尼亚海再次爆发冲突。

公元前 371 年夏天，斯巴达召集所有的希腊城邦共同商议一份全面永久性的和约，然而与公元前 385 年签署《大王和约》时的局面相比，斯巴达与各城邦之间的关系已经产生了很大的变化。自从普拉提亚被毁后，雅典与底比斯撕毁了盟约。波奥提亚逐渐成为令其他城邦畏惧的新兴势力。斯巴达和雅典于公元前 371 年达成协议。然而，由于埃帕米农达斯退出和谈，以及之后不久爆发的留克特拉战役，和约最终成了一纸空文。

底比斯在留克特拉战役获胜后，取代斯巴达成为希腊的新霸主，然而好景不长，马其顿开始强势崛起。尽管所有的希腊城邦都受到了影响，希腊城邦制也确实走到了尽头，但马其顿对雅典政局和社会的冲击尤其致命。公元前 4 世纪中叶，马其顿已经成为当时实力最强的国家。

公元前 360 年秋天，腓力二世（Philippe Ⅱ）取代其年幼的侄子阿敏塔斯登上了马其顿的王位。在内政方面，腓力二世加强了王权。而在对外政策方面，马其顿则将邻邦的蛮族视作巨大的威胁。于是，腓力二世决定加固边境地区，并借鉴底比斯开创了马其顿方阵（腓力二世年轻时曾在底比斯为质，因此十分了解底比斯的作战模式）。基于此，公元前 358 年，腓力二世同意与雅典签订友好条约。根据条约规定，雅典保留对波提狄亚、麦索涅（Méthone）和皮德纳（Pydna）的控制权，并且享有安菲波利斯矿产权益。这份条约使马其顿暂时不受雅典威胁，腓力二世可以安心地一展宏图。

然而，雅典还没来得及重掌安菲波利斯，便陷入了新的困境。战略重地优波亚遭到了波奥提亚的入侵。此外，主要的四个盟邦（罗德斯、科斯、希俄斯和拜占庭）拒绝支付盟金。如果雅典得不到盟金，将无力应对战事。而雅典重获的海上霸权及其整个同盟将因此陷入绝境。

与提洛同盟时期相比，第二次雅典同盟在处理同盟内部事务方面所采取的做法与之前大相径庭。根据公元前 375 年的盟约条款，同盟成员可以自己造币，只要货币的材质及其重量符合雅典的规定即可。盟金只能充当军费，不可用于城邦建设，也不能让某些富人从中牟利。各成员可自行决定所要采取的政治体制，其他城邦无权干涉。米提列涅的寡头派发动政变，但它不能因此被逐出同盟。不幸的是，由于一些盟邦迟迟不支付盟金，几位前往催收盟金的将军不得不与海盗勾结迫使其就范。这在同盟内部掀起了针对雅典的谴责。

雅典人的豪宅

希腊古典时期，雅典的大部分民宅都较为朴素。然而，考古挖掘发现了几处雅典贵族的豪宅。此页插图就是其中一所住宅；这栋房子位于维亚帕纳特纳西亚（Via Panatenacia）附近，卫城高地一侧。

作坊

移居雅典的外邦人在城里开办了许多作坊，干活的通常是奴隶。作坊生产的商品有陶器、武器、工具、家居以及品质上等的鞋子，这些商品可以通过比雷埃夫斯港出口。

插图 公元前6—前5世纪，阿提卡地区制作的双耳罐，上面绘制的是制鞋作坊。现藏于牛津大学阿什莫林博物馆（Ashmolean Museum, Oxford）。

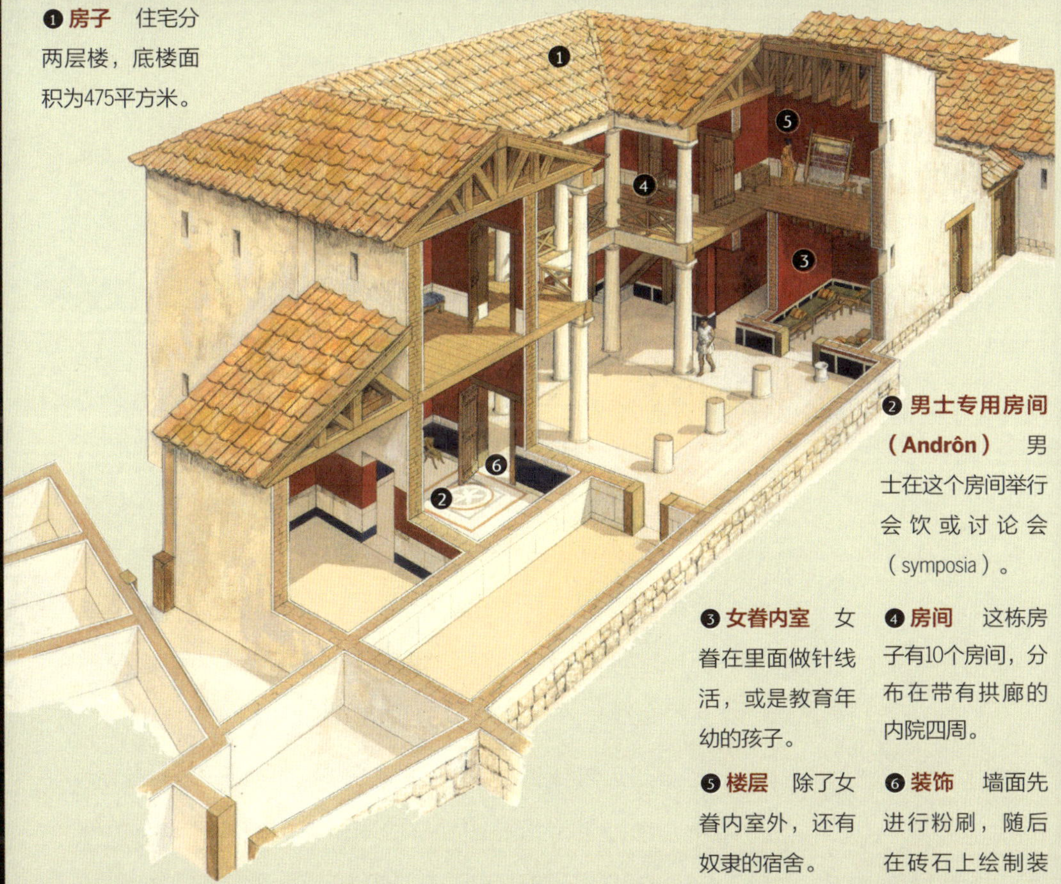

❶ **房子** 住宅分两层楼，底楼面积为475平方米。

❷ **男士专用房间（Andrôn）** 男士在这个房间举行会饮或讨论会（symposia）。

❸ **女眷内室** 女眷在里面做针线活，或是教育年幼的孩子。

❹ **房间** 这栋房子有10个房间，分布在带有拱廊的内院四周。

❺ **楼层** 除了女眷内室外，还有奴隶的宿舍。

❻ **装饰** 墙面先进行粉刷，随后在砖石上绘制装饰画。

第二次雅典同盟

第二次雅典同盟在最鼎盛时期有将近 60 名成员，但其规模远不如当年的提洛同盟。事实上，第二次雅典同盟的成员结构相对复杂，既有民主制城邦，也有寡头制城邦，还有来自不同地区和民族的城邦，如爱奥尼亚城邦、多里安城邦和伊奥利亚城邦。

第二次雅典同盟中不同的成员对于霸权的愿景各有不同，这也导致了同盟内部很难统一意见。同盟核心成员拒绝支付盟金，继而发动反叛，造成了同盟的领土损失。此外，同盟的三个强敌步步进逼——波奥提亚同盟（普拉提亚被毁后，波奥提亚同盟退出了雅典同盟）、马其顿王国和卡里亚省——情况进一步恶化。随着时间的推移，波奥提亚接连攻占了优波亚岛和博斯普鲁斯海峡；由于马其顿的崛起，雅典在爱琴海北部的领地受到了威胁；卡里亚的摩索拉斯夺取了爱琴海南部的德卡尼斯群岛。同盟战争使得第二次雅典同盟遭受到致命一击，至此该同盟在建立20多年后便被逐步瓦解了。

由于几个盟邦的陆续退出，加之同盟中实力雄厚的波奥提亚、卡里亚和马其顿持续的扩张行动，以及雅典不时表露出的帝国主义倾向，最终引发了“同盟战争”（公元前 357—前 355 年）。波奥提亚对优波亚和阿卡纳尼亚的入侵，导致两者于公元前 370 年脱离同盟，拜占庭也于公元前 364 年宣布退出。

与此同时，世袭总督摩索拉斯（Mausole）掌控了卡里亚，并摆脱了波斯的控制。他在位期间（公元前 377—前 352 年）对小亚细亚东南部

实施扩张政策，其中就涉及罗德斯、科斯和希俄斯。而此时，马其顿国王腓力占领了安菲波利斯，将岛上的金矿占为己有，随后皮德纳和波提狄亚也被归入马其顿的版图，这迫使居住在这些地区的雅典移殖民返回雅典。值得注意的是，迫于马其顿和卡里亚的强势扩张政策，之前退出海上同盟的许多城邦纷纷要求重新加入。

守护神雅典娜

几个世纪以来，雅典人认为自己一直受到战争和智慧女神雅典娜的护佑，这就是他们非常虔诚地信仰雅典娜，组织仪式、庆典和游行的原因。

插图 创作于公元前 340 年的雅典娜青铜像，现藏于比雷埃夫斯考古博物馆。

雅典卫城（第 208—209 页）

圣山及其庙宇是雅典的灵魂，是古希腊时期雅典公民的骄傲所在。

同盟战争

由于罗德斯、科斯、希俄斯和拜占庭拒绝支付盟金，公元前 357 年，雅典海军统帅查雷斯（Charès）率领一支由 60 艘三层桨战船组成的舰队前往多德卡尼斯群岛（Dodécanèse）。为了惩戒这几座城邦，他决定率先围攻希俄斯，然而反叛联盟得到了卡里亚国王摩索拉斯的援助，最终击溃了雅典舰队。

第二年，这支反叛联盟舰队掠夺了同盟的几个岛屿，并围攻萨摩斯岛。雅典立即命令提莫修斯率领 60 艘三层桨战船出征迎战。之后查雷斯的舰队也加入此次远征，这支庞大的联合舰队随即驶往希俄斯。在探知了雅典舰队的动向之后，反叛联盟立刻结束了对萨摩斯岛的围攻，向北部逃窜。最终反叛联盟在希俄斯岛附近的昂巴塔（Embata）与雅典舰队对峙。

海战开始的当天，一场风暴突然来袭。提莫修斯和其他将领决定前往爱奥尼亚停泊，但查雷斯却下令进攻。结果雅典惨败，查雷斯将此次海战失利归咎于其他将领，指责他们拒绝出战。随后在雅典进行的审判中，判罚提莫修斯支付罚金，并将其驱逐出雅典。

那年冬天，查雷斯决定与赫勒斯滂海峡的弗里吉亚总督阿尔塔巴兹（Artabaze）进行谈判，这位总督刚刚背叛了波斯国王。两人达成了双赢的协议。在之后的航海季中，即公元前 355 年春天，查雷斯在阿尔塔巴兹的援助下出征讨伐反叛联盟。然而，波斯国王阿塔薛西斯三世（Artaxerxès Ⅲ）终结了他们的协议。他派遣使节前往雅典，声称如果雅典和背叛波斯的总督结盟，国王将下令腓尼基舰队支持反叛联盟。

雅典再次面临国库空虚、军力不济的窘境，于是只能接受现状放弃出征反叛联盟。同盟战争就此结束。虽然第二次雅典同盟没有正式宣布解体，但仅存的几个成员都是一些无足轻重的城邦。

马其顿的威胁

同盟战争期间，腓力在马其顿称王。他利用海上同盟成员之间的冲突不断扩张。在同盟战争的三年时间里，他夺走了雅典在马其顿和色雷斯的大部分领地。公元前354年，马其顿攻占麦索涅，致使其边境扩张至色萨利南部、伊庇鲁斯（Épire）、伊利里亚（Illyrie）西部，以及色雷斯东部的中心区域。马其顿由此并吞了希腊大陆北方的所有地区。

公元前352年，腓力二世在克罗库斯平原战役（Champ de Crocus）取得大胜，马其顿由此控制了整个色萨利地区。他随后率军从北至南穿越色萨利，抵达温泉关（Thermopyles）。当获知雅典军队也正在向温泉关进发，腓力二世决定撤退。公元前348年，腓力攻下了色雷斯东部地区和卡尔基狄克联盟。底比斯也力邀他介入针对福基斯的战争，福基斯掠夺了德尔斐（Delphes）的财富，并由此组建了一支庞大的雇佣军。公元前346年，腓力率军入侵福基斯，摧毁了许多城市。至此，马其顿称霸希腊全境。公元前338年，腓力与其子亚历山大在奇罗尼亚战役中大获全胜，从而彻底确立了马其顿在希腊的霸主地位。第二次海上同盟名存实亡，这意味着雅典的政治、经济和社会受到马其顿的全面遏制。从此，雅典将不得不重新审视这个长久以来被其轻视甚至被视作蛮族的城邦。

同盟战争结束后，最温和的民主派领袖尤布拉（Eubule）掌控了雅典。其政治理念的核心是和平，他建议放弃所有的军事计划，通过和平的手段实现各城邦的繁荣。按照他的计划，主要的措施有：复兴手工业和商业，发展借贷制度用以促进海上贸易，以及开采劳里昂银矿。雅典舰队现在的主要任务仅需保障来自赫勒斯滂的商船畅行无阻，这条航线关系到雅典的谷物供给。以前雅典国库的大部分开支都以军费优先，如今则用来救助最贫穷的公民，以及规划建设城市。

尽管尤布拉的计划很吸引人，但在公元前4世纪的现实下，这些计划终究只能被束之高阁。在遭遇了几场战败之后，雅典人将战局不利归咎为尤布拉过于温和的政策。公元前348年，马其顿国王借口雅典军队援助奥林索斯（Olynthe），随即派兵将其夷为平地。腓力之后又占领了被视作阿提卡领地的优波亚。

哈利卡纳索斯：摩索拉斯总督首府所在地

哈利卡纳索斯是历史学家希罗多德和狄奥尼修斯的故乡，这座城市由特雷泽纳城邦（阿古利达，Argolide）于公元前 10 世纪建立。公元前 4 世纪中叶赫卡托姆努斯王朝时期，哈利卡纳索斯进入了鼎盛期。

公元前392年，波斯国王阿塔薛西斯二世任命贵族出身的赫卡托姆努斯（Hécatomnos）为卡里亚总督。在赫卡托姆努斯任期内，卡里亚具有极大的自治权。随后他的儿子摩索拉斯继位。摩索拉斯加强了舰队的实力，将卡里亚的领地扩张至小亚细亚西南部和多德卡尼斯群岛，扩张政策给摩索拉斯带来了巨大的财富。他将首府从迈拉萨（Mylasa）迁至哈利卡纳索斯，并修筑了城墙。摩索拉斯在哈利卡纳索斯兴建了宫殿和许多公共建筑。其中最著名的建筑莫过于摩索拉斯的陵墓，公元前353年，他便在此下葬。摩索拉斯死后，卡里亚便由其妻阿尔特米西娅统治。14年后，阿尔特米西娅也被葬于此处。

左图　摩索拉斯的雕像，现藏于伦敦大英博物馆。

尤布拉在对外政策方面接连受挫，而他的经济计划实行起来也困难重重。马其顿搜获了许多战利品，而且还占领了色雷斯、色萨利几个含金矿场，这使得马其顿的金币很快就取代了雅典的银币，成为希腊各大港口和集市的通用货币。

公元前 346 年，雅典派遣十位使节前往马其顿首都佩拉（Pella）议和。腓力国王屈尊接见了这几位雅典使节，其中包括德摩斯梯尼和埃斯基涅斯

❶ **陵墓** 摩索拉斯陵墓是一座建立在拱廊底座上的巨大方形建筑，陵墓介于内城墙和连接爱琴海的港口之间。夫妻两人的雕像被置于陵墓顶部。这座陵墓被誉为古代世界七大奇迹之一。

❷ **金字塔** 正如罗马人普林尼在其著作《博物志》（*Histoire naturelle*）中所写，陵墓顶部建有24级台阶的金字塔，金字塔下方由36根柱子支撑。塔尖有一组大理石雕像群，表现的是摩索拉斯和阿尔特米西娅驾驶着一辆由四匹马拉的战车。

❸ **建造工程** 估计在当地采石场开采了160000块巨石用于建造陵墓。先要对石料进行抛光，然后运至城中心。随后，所有石块被一块块吊起至42米的高处。

❹ **装饰** 整个陵墓共计400座大理石雕塑，每一座都令人赞叹不已。这座陵墓的建造会聚了希腊最杰出的雕塑家和工匠。斯科帕斯雕刻了其中的好几座雕像，并监制了其他许多雕像的制作。

（Eschine）。双方最终达成协议，签署了《菲洛克拉特斯和约》（*paix de Philocratès*，“菲洛克拉特斯”取自其中一位使节的名字）。这份和约真实反映了双方在政治和军事实力方面的差距。曾经不可一视的海上霸主雅典如今只剩下位于赫勒斯滂北岸的一个临海据点，即色雷斯的克森尼索（Chersonèse de Thrace）。

泛希腊主义

在希腊的整个古典时代，公民和士兵是等同的。公元前 4 世纪中叶，军队的组成发生了变化，其中大部分是穷人，他们参军只是为了钱。当时雅典经济停滞，许多年轻的雅典人为了寻求机会远赴小亚细亚。而此时阿塔薛西斯三世的波斯王朝已摇摇欲坠，许多总督雇用雅典人组建军队，借机发动叛乱。

年轻人的出走加剧了雅典的衰落，当时的人口出生率远远无法弥补伯罗奔尼撒战争造成的巨大损失。一旦需要进行军事行动，雅典和其他希腊城邦一样不得不招募外籍雇佣兵，然而雇佣兵与其服务的城邦之间只存在金钱关系，当城邦无力支付费用时，他们便会立即弃之而去。

在此期间，雅典的手工业和贸易仍然毫无起色。许多在雅典定居的外邦人为了逃避征兵也不得不离开，这座城邦也不会给予他们任何公民权。但每离开一个外邦人，都会影响到城邦的贸易和税收，进一步加剧经济和社会危机。

对于一部分雅典人而言，泛希腊主义的盛行能使全希腊人团结一致，也有利于征服亚洲，因为此时的波斯帝国正濒临瓦解。这个雄心勃勃的计划促成了大范围的殖民运动：全希腊成千上万贫苦的人，以及那些之前被迫以雇佣兵为生的年轻人都纷纷移居殖民地。

伊索克拉底便是泛希腊主义的主要倡导者之一。起初，他希望雅典能主导统一希腊的运动。然而，当他意识到雅典无法掌控所有希腊人，于是他便想到了老狄奥尼修斯和腓力二世。伊索克拉底一心想寻找一个主导者推行泛希腊主义，甚至不惜将目光移至阿提卡之外。这种想法招致了许多批评，尤其是德摩斯梯尼。然而，伊索克拉底则声称，在如此艰难的时刻，这是一个爱国的雅典人所能采取的唯一策略。泛希腊主义对马其顿是一次绝好的机会，腓力二世借此便可名正言顺地实施扩张政策，一方面高喊解放希腊的口号进行大肆掠夺，另一方面可为入侵波斯帝国做准备。

德摩斯梯尼：政治活动家和杰出的修辞学家

之前，雅典民主政体的领袖人选一般都优先考虑优秀的军事人才。然而，公元前 4 世纪，政治领袖必须拥有杰出的演说才能。而德摩斯梯尼的经历正好体现了这一转变，因为他的演讲在雅典公民中享有盛誉。

德摩斯梯尼与亚西比德这样伟大的演说家不同，他在修辞方面完全没有天赋，甚至连字母“r”都无法准确发音。他成年后意识到，只有掌握语言技巧才能更具说服力。德摩斯梯尼从小就失去了父亲，不得不亲自控诉法定监护人侵占其父留下的财产。从那时起，坚韧的德摩斯梯尼制订了严苛的练习计划，来克服发音不准的问题，并提高演说技能，同时注重肢体语言的表达和语音语调的改善。他很快就成为当时最著名的演说家之一。

插图 德摩斯梯尼半身像，公元前2世纪罗马时期的复制品。现藏于罗马国家博物馆阿尔滕普斯宫（Musée national romain-Palazzo Altemps, Rome）。

德摩斯梯尼和城邦制的衰落

想要在希腊民主制城邦掌权，就必须拥有一副好口才。公元前 5 世纪，伯里克利和亚西比德可谓是最精通此道的演说家。普鲁塔克在《亚西比德传》中写道：“如果说亚西比德的出身、财富和英勇令他四处逢源，那么最能体现其影响力的莫过于他的演讲。他是杰出的演说家，技巧出众，他不仅准确表达出自己的想法，还十分注重表达的形式。”公元前 4 世纪前半叶，修辞在雅典仍占据非常重要的地位。修辞是语言的艺术，提出议案和说服大众都离不开修辞，它还有助于获取和维系权力。此外，鉴于动荡年代政治生活的复杂性，以及选择的多样性，精明的演说家必须使公民相信他们的政策是所有选项中最好的。

在那个时代，雅典区分了军事生活和市民生活，这在古希腊是一个特例。演说家通过演讲左右政治，但他们往往不在军队里任职。与之相应，将军只有纯粹的军事职责。

此外，雅典人的生活越来越多地受到司法的影响：法院逐渐成为解决政治争端的场所。混乱的社会加速了这种趋势，同时，出于法庭辩护的需要，雇用演说家撰写辩护词的需求也增加了。由于没有律师，辩护人必须自己准备辩论证据，并记住由专业人士撰写的整篇辩护词。诉讼就好像一场公开的戏剧表演，因此戏剧作品随着诉讼的增多而减少。吕西亚斯是最具天赋的演说家之一，伊索克拉底和德摩斯梯尼也毫不逊色（他们不仅是作家，还教授演讲和辩护），后来两人终于找到了可为之奋斗一生的使命，伊索克拉底开办了学校，而德摩斯梯尼则成为政治领袖。

因此，我们需要重新审视这位希腊最伟大的演说家——德摩斯梯尼（公元前384—前322年）。德摩斯梯尼在其政治生涯的前半程属于尤布拉的温和民主派，主张不惜一切代价维护城邦的经济和财政利益。然而，约公元前352年，马其顿的崛起迫使雅典节节败退，这成为当时困扰城邦的中心议题，德摩斯梯尼主张在对外政策方面应采取强硬措施，但这有悖于尤布拉的政见，两人就此渐行渐远。

公元前351年，即腓力二世企图穿越温泉关的第二年，德摩斯梯尼在公民大会上发表了四篇《反腓力辞》（*Philippiques*）的第一篇。这几篇演说辞呼吁雅典人要警惕马其顿的威胁，动员所有公民奋起反抗腓力南下扩张。德摩斯梯尼是坚定的主战派，他不支持泛希腊主义，他极力反对伊索克拉底将腓力作为泛希腊主义的领袖。

根据场景的不同，德摩斯梯尼的演讲时而充满激情、令人鼓舞，时而平静，带有说教意味。随着他演讲中那些令人沮丧的预言一一实现，德摩斯梯尼的思想传遍

了整个希腊。公元前342年，由雅典主导的反马其顿联盟正式成立，成员包括底比斯、科林斯、阿哈伊亚、阿尔戈斯、美塞尼亚和阿卡狄亚。然而，4年之后，在位于波奥提亚北部的奇罗尼亚，面对不可战胜的马其顿方阵及其强大的骑兵团，希腊联军毫无胜算。

在腓力及其子亚历山大军队的铁蹄下，德摩斯梯尼侥幸活了下来，但公元前322年，为了不落入马其顿人之手，他在一座叫卡勒利亚（Calaurie）

同盟战争

这场战争标志着雅典霸权的终结。

插图 阿提卡地区的陶器，制作于公元前6世纪，陶器上绘制了赫拉克勒斯（Héraclès）和库克诺斯（Cycnos）之间的战斗，现藏于牛津大学阿什莫林博物馆。

献给雅典娜的无袖长袍

每年夏天，雅典都会举行雅典娜女神节的庆祝活动，由出身富裕家庭的处女组成仪式队伍，她们手持一件长袍（péplos），这件长袍由阿提卡地区的妇女花一年的时间亲手制作，最终会披在帕提侬神庙的巨型雅典娜雕像上。

插图　帕提侬神庙的中楣碎片，浮雕表现了向女神献祭长袍的场景，现藏于伦敦大英博物馆。

的小岛上结束了自己的生命。这位杰出的雅典爱国者目光远大，是真正的语言艺术大师，他的经历足以代表当时的普遍命运，他见证了希腊古典时期典型的国家形式——城邦制的失败，以及在面对另一个奉行世界主义的强大帝国时，城邦制最终退出了历史舞台。

德摩斯梯尼的悲惨结局不禁令人想起生活在公元前 5 世纪最后 30 年至公元前 4 世纪上半叶的那几代希腊人多舛的命运。他们以为，只要团结所有

人的力量，便可最终实现目标。尽管他们才华横溢，极具创造性，但最终都被埋没了。他们执着于阻止一个城邦建立霸权，从而导致纷争不断，直至城邦制最终衰亡。但值得庆幸的是，这种将社会和政治一体化的模式在城邦制陨落后被保存了下来，成为现代西方文明的基石之一。

阿提卡地区的细颈长瓶

在这类陶器用于储藏涂抹身体的香油。有时也会用作葬礼仪式的器具。

插图 有把手的细颈长瓶，制作于公元前 5 世纪，瓶身上绘有舞者和骑兵的形象，现藏于华沙波兰国家博物馆（musée national de Pologne, Varsovie）。

ΗΡΜΗΣ
ΕΥ ΔΙΚΗ

附　录

插图（左侧） 献给俄耳甫斯（Orphée）、欧律狄刻（Eurydice）和赫耳墨斯的浮雕作品。它是罗马时期的复制品，原作创作于公元前5世纪的希腊。现藏于那不勒斯国家考古博物馆。

公元前6—前5世纪的希腊

阿波罗尼亚
黑海
色雷斯
斯特里蒙河
涅斯图斯河
赫布罗斯河
培林斯
拜占庭
卡尔克顿
阿斯塔克斯
普罗蓬提斯海
阿布代尔
马罗内
埃盖
佩拉
安菲波利斯
阿波罗尼亚
塔索斯
塔索斯岛
阿伊诺斯
赫勒斯滂海峡
普罗克内斯
基齐库斯
特梅斯
斯塔基拉
萨莫色雷斯
萨莫色雷斯岛
色雷斯的克森尼索
兰普萨库斯
麦索涅
卡尔基狄克
奥林索斯
阿坎索斯
英布洛斯
锡托斯
阿卑多斯
皮德纳
英布洛斯岛
哈里亚克蒙河
波提狄亚
托罗尼
列姆诺斯岛
列姆诺斯
特内多斯
门德
斯基奥涅
埃夫罗波斯河
阿索斯
米西亚
拉里萨
吉尔通
马格涅西亚
色萨利
法尔塞勒
爱琴海
列斯堡岛
米提列涅
阿塔纽斯
帕加马
佩帕雷索斯
皮塔内
吕底亚
波斯帝国
弗里吉亚
斯基洛斯
斯基洛斯岛
埃尼斯马里斯
奥雷欧斯
优波亚
弗凯亚
马格涅西亚
赫尔姆斯河
萨迪斯
赫拉克里亚
洛克雷德
福基斯
希俄斯岛
希俄斯
埃利特莱
士麦那
克拉佐门奈
德尔斐
奥尔霍迈诺斯
哈尔基斯
波奥提亚
埃雷特里亚
洛克雷德
克勒芬
公元前371年
留克特拉战役
底比斯
以弗所
麦安德河
帕特雷
普拉提亚
阿哈伊亚
斯基昂
卡里斯托斯
墨伽拉
雅典
安德罗斯岛
萨摩斯岛
萨摩斯
普里埃涅
卡里亚
阿卡狄亚
科林斯
阿提卡
阿古利达
伊卡里亚岛
米利都
公元前362年
曼提尼亚战役
埃伊纳岛
基亚岛
提诺斯岛
阿尔戈斯
埃皮达鲁斯
锡罗斯岛
提洛
泰吉
基斯诺斯岛
卡林诺斯岛
哈利卡纳索斯
塞里弗斯岛
帕罗斯岛
纳克索斯岛
科斯
考那斯
科斯岛
拉科尼亚
斯巴达
西弗诺斯岛
阿莫格斯岛
克尼多斯
科罗尼
米洛斯岛
米洛斯
伊奥斯岛
尼西洛斯岛
罗德斯
罗德斯岛
特洛斯岛
阿西内
吉雄
泰拉岛
阿斯提帕雷岛
林都斯
基塞拉岛
地中海
卡尔帕苏斯岛
干尼亚
克诺索斯
玛利亚
克里特岛
扎克罗斯
斐斯托斯

对照年表：古希腊、罗马和意大利、其他文明

古希腊

公元前 431—前 420 年

战争中的希腊

- 伯罗奔尼撒战争伊始
- 雅典暴发瘟疫，伯里克利去世
- 《尼西亚斯和约》签署

文化成就：

- 索福克勒斯《俄狄浦斯王》（*OEdipe roi*）
- 阿里斯托芬《云》（*Les Nuées*）、《马蜂》（*Les Guêpes*）

公元前 420—前 410 年

战争扩大

- 斯巴达在曼提尼亚战役中获胜
- 雅典远征西西里
- 雅典重获赫勒斯滂海峡的控制权

文化成就：

- 欧里庇得斯《特洛亚妇女》（*Les Troyennes*）、《厄勒克特拉》（*Électre*）
- 阿里斯托芬《吕西斯特拉忒》（*Lysistrata*）

公元前 410—前 400 年

战争结束

- 莱山德与小居鲁士会面
- 老狄奥尼修斯在锡拉库萨实施僭政
- 伯罗奔尼撒战争结束
- 雅典三十人僭政
- 万人远征

文化成就：

- 阿里斯托芬《蛙》（*Les Grenouilles*）

公元前 400—前 380 年

斯巴达霸权时期

- 斯巴达与波斯的战争
- 科林斯战争
- 《大王和约》

文化成就：

- 苏格拉底之死
- 柏拉图创办雅典学院
- 伊索克拉底在奥林匹亚发表《全希腊盛会献词》

罗马和意大利

公元前 431—前 420 年

- 阿勒基德山（mont Algide）战役，珀斯图米乌斯·图巴图斯（Postuminus Tubertus）战胜了埃魁人（Èques）
- 萨谟奈人（Samnites）攻占了意大利中部城市卡普阿（Capone）和库迈（Cumes）
- 财务官的任职不再专属于贵族，平民也可以担任

公元前 420—前 410 年

- 希腊人和迦太基人的冲突波及西西里。马戈将军被任命为迦太基元老院首席，并被派遣至西西里岛，公元前 409 年，他攻占了塞利农特和希梅拉
- 埃魁人和拉比克人（Labiques）打败了罗马人。奎因都斯·塞维留斯·普里斯库斯（Quintus Servilius Priscus）再次被任命为执政官，向敌人开战，最终取得了胜利

公元前 410—前 400 年

- 已有 3 位平民被选为财务官
- 罗马人围攻拉丁小城安克苏尔（Anxur），最终成功占领该城
- 公元前 406 年，罗马和维爱（Véies）的战争爆发，公元前 396 年，曾多次被选为罗马独裁官的马尔库斯·弗里乌斯·卡米卢斯（Marcus Furius Camillus）攻占维爱城，战争结束

其他文明

公元前 431—前 420 年

- **波斯**：阿塔薛西斯一世（Artaxerxès Ier）去世后，薛西斯二世（Xerxès Ⅱ）登上王位；仅一个多月后，薛西斯二世就被其兄塞西狄亚努斯（Sogdianos）刺杀身亡，随后塞西狄亚努斯又被其同父异母的兄弟大流士二世（Darius Ⅱ）暗杀，大流士二世不得不镇压多位波斯总督才得以即位
- **中国**：周威烈王成为周朝的天子
- **印度**：难陀王朝（Nanda）建立，根据该王朝的君主人数，亦称"九难陀之朝"

公元前 420—前 410 年

- **埃及**：古埃及人和犹太人群体产生宗教冲突

公元前 410—前 400 年

- **波斯**：大流士二世去世；他的儿子阿塔薛西斯二世继位
- 波斯总督提萨弗尼斯与大流士二世的儿子小居鲁士冲突不断
- **埃及**：阿米尔泰王子（Amyrtée）发起反抗波斯的叛乱
- 几个月之后，阿塔薛西斯二世平息了叛乱，重新掌控埃及。然而，阿米尔泰再次发动起义，赶走波斯人，自立为法老
- **中国**：三家分晋

公元前 400—前 380 年

- **埃及**：尼斐利提斯一世（Néphéritès Ier）建立第二十九王朝
- 首府迁至门德斯（Mendès）
- 埃及与斯巴达、雅典和塞浦路斯结盟对抗波斯
- 埃及将军奈克坦尼布（Nectanébo）推翻了法老，建立了新王朝
- **美洲**：中美洲奥尔梅克文明（la culture olmèque）的没落

公元前 380—前 370 年

新的冲突

- 底比斯发生暴乱，驱逐斯巴达人
- 第二次雅典同盟建立
- 斯巴达人纳克索斯海战和阿利奇亚（Alyzia）海战中战败
- 留克特拉战役，底比斯大胜
- 波奥提亚摧毁了斯巴达的霸权，埃帕米农达斯解放美塞尼亚

公元前 370—前 355 年

城邦制的危机

- 曼提尼亚战役
- 底比斯和雅典的衰落加剧了希腊城邦制的危机
- 腓力二世统治期间马其顿的疆域面积扩大

文化成就：

- 普拉克西特列斯享誉雅典

公元前 355—前 336 年

马其顿霸权

- 德摩斯梯尼在雅典公民大会发表《反腓力辞》
- 科林斯人蒂莫莱翁夺取了锡拉库萨的控制权
- 奇罗尼亚战役
- 腓力二世入侵希腊大陆

文化成就：

- 亚里士多德在雅典创立学园

公元前 400—前 380 年

- 阿里亚河（Allia）战役中，克尔特人打败了奎因都斯·苏尔庇修斯（Quintus Sulpicius）率领的罗马军队
- 高卢部落塞农人在布雷努斯（Brennos）的带领下占领了罗马城
- 曼利乌斯率军保卫卡皮托利山（Capitole）
- 吞并图斯库勒姆（Tusculum）
- 打败拉丁人、沃尔斯克人（Volsques）和赫尼克人（Henriques）

公元前 380—前 370 年

- 惨遭高卢人蹂躏的罗马城在战后重建。罗马人修筑塞维安城墙（muraille Servienne），加强罗马的防御工事

公元前 370—前 355 年

- 罗马与高卢人的战争（公元前 334 年，双方签署和约）
- 《李锡尼和绥克斯图法案》（*Lois licinio-sextiennes*），法制和立宪的基础
- 平民（卢修斯·塞克斯图斯·拉特兰努斯，Lucius Sextus Lateranus）第一次成为执政官
- 罗马攻占弗伦蒂诺（Ferentinum）

文化成就：

- 罗马人建造协和神庙

公元前 355—前 336 年

- 与萨谟奈人结盟抵抗高卢人入侵
- 罗马与迦太基第二次签署条约
- 第一次萨谟奈战争
- 拉丁战争
- 罗马获胜，拉丁同盟解体
- 萨谟奈战争后吞并拉齐奥（Latium）

公元前 380—前 370 年

- **波斯：**摩索拉斯被任命为卡里亚的国王，他在哈利卡纳索斯设立宫廷。他死后，其妻下令建造摩索拉斯陵墓，后被誉为古代世界七大奇迹之一
- **中国：**周烈王成为周朝的天子
- **埃及：**阿塔薛西斯二世下令入侵埃及，但之后又再次放弃入侵计划

公元前 370—前 355 年

- **波斯：**阿塔薛西斯二世加强对波斯各省总督的控制
- **埃及：**埃及与波斯的战争
- 法老塔科斯战败，埃及第三十王朝覆灭。由埃及人统治的埃及王朝至此终结；塔科斯便是最后一任埃及法老

公元前 355—前 330 年

- **波斯：**阿塔薛西斯二世再次征服埃及，后自立为法老
- **埃及：**马其顿人入侵埃及
- 亚历山大大帝建立亚历山大港，自立为埃及法老

NATIONAL GEOGRAPHIC

图书在版编目（CIP）数据

雅典的陷落 / 美国国家地理学会编著；陈凌娟译. -- 北京：现代出版社, 2023.3

（美国国家地理全球史）

ISBN 978-7-5231-0092-9

Ⅰ.①雅… Ⅱ.①美… ②陈… Ⅲ.①古希腊－历史 Ⅳ.①K125

中国国家版本馆CIP数据核字（2023）第019432号

版权登记号：01-2022-2693

由北京久久梦城文化发展有限公司代理引进

雅典的陷落（美国国家地理全球史）

编 著 者：美国国家地理学会
译　　者：陈凌娟
策划编辑：吴良柱
责任编辑：张　霆　邓　翊
内文排版：北京锦创佳业文化传播有限公司
出版发行：现代出版社
通信地址：北京市安定门外安华里504 号
邮政编码：100011
电　　话：010-64267325　64245264（兼传真）
网　　址：www.1980xd.com
印　　刷：固安兰星球彩色印刷有限公司

开　　本：710mm*1000mm 1/16
印　　张：14.25　　字　　数：220千
版　　次：2023年3月第1版　　印　　次：2024年7月第2次印刷
书　　号：ISBN 978-7-5231-0092-9
定　　价：88.00元